Wolfgang Protzner (Hrsg.)
Vom Hungerwinter zum kulinarischen Schlaraffenland

BEITRÄGE ZUR WIRTSCHAFTS- UND SOZIALGESCHICHTE

Herausgegeben von
Hermann Kellenbenz, Eberhard Schmitt und Jürgen Schneider

Schriftleitung: Rainer Gömmel und Oskar Schwarzer

Band 35

In Kommission bei
Franz Steiner Verlag Wiesbaden GmbH

Vom Hungerwinter zum kulinarischen Schlaraffenland

Aspekte einer Kulturgeschichte des Essens in der Bundesrepublik Deutschland

Herausgegeben von
Wolfgang Protzner

1987
In Kommission bei
Franz Steiner Verlag Wiesbaden GmbH

Anschrift der Schriftleitung:
Universität Erlangen-Nürnberg
Zentralinstitut für
Fränkische Landeskunde und
Allgemeine Regionalforschung
D-8500 Nürnberg, Findelgasse 7

CIP-Kurztitelaufnahme der Deutschen Bibliothek

**Vom Hungerwinter zum kulinarischen Schlaraffen-
land.** – Stuttgart : Steiner-Verlag-Wiesbaden-
GmbH, 1987.
    (Beiträge zur Wirtschafts- und Sozialgeschichte;
    Bd. 35)
    ISBN 3-515-04954-1
NE: GT

Inhaltsverzeichnis

Inhaltsverzeichnis   5

Vorwort:
"Kulmbacher Akademie für gesunde Ernährung e.V."   7

Wolfgang Protzner,
Vom Hungerwinter bis zum Beginn der "Freßwelle"   11

Harald Winkel,
Vom Gourmand zum Gourmet   31

Karl Möckl,
Die große deutsche Küche. Formen des Eßverhaltens seit den
siebziger Jahren   49

Berthold Thomas,
Von der Überfluß- zur Vollwerternährung   65

Walter Feldheim,
Zur Sozialpsychologie des Essens und Trinkens   81

Irmgard Schön,
Wandlungen in den Verzehrsgewohnheiten bei Fleisch von 1945
bis zur Gegenwart   93

Benedikt Lauter,
Vom Nachkriegsbrot zu Spezialbrotsorten und Brotspeziali-
täten   123

Lutz Aubry,
Von der tiefgefrorenen Erbse zum kompletten Feinschmecker-
menü   137

Werner Frey,
Geschmacksprobleme bei kochsalzarmen Lebensmitteln. Was
können Gewürze und Kräuter dazu beitragen?   145

Hans-Jürgen Anders,
Verzehr 1985 - Verzehr 2000 - Status quo und Perspektiven,
demographische und soziologische Aspekte zukünftigen
Ernährungsverhaltens   151

Lebensläufe   185

"Kulmbacher Akademie für gesunde Ernährung e.V."

Nach Tradition und Wirtschaftsstruktur ist die Stadt Kulmbach in den Bereichen der Brauwirtschaft, der Produktion von Fleisch- und Wurstwaren, der Backmittelindustrie und der Gewürzherstellung ein Nahrungsmittelzentrum von überregionaler Bedeutung. Der gute Ruf Kulmbacher Biere gilt weltweit. Kulmbach ist Sitz der international angesehenen Bundesanstalt für Fleischforschung. Einrichtungen wie die Staatliche Fachschule für Lebensmitteltechnik (Fleischerei- und Lebensmittelverarbeitungstechnik) fördern den Nachwuchs in Nahrungsmittelhandwerk und Nahrungsmittelindustrie. Die die Stadt Kulmbach umgebende bäuerliche Landschaft erbringt Nahrungsmittel von besonderer Qualität.

Ein besonderes Anliegen der ortsansässigen Nahrungsmittelbetriebe ist die Herstellung schmackhafter und zugleich gesunder Kost im Sinne zeitgemäßer Ernährung.

Vom 17. bis 19. Oktober 1986 fand in den repräsentativen Räumen der Plassenburg ob Kulmbach eine Fachtagung statt: "Vom Hungerwinter bis zur Überflußernährung (Aspekte einer Kulturgeschichte des Essens im Nachkriegsdeutschland)". Anerkannte Fachleute aus dem ganzen Bundesgebiet stellten neben einem Überblick über die geschichtliche Entwicklung der Ernährungsgewohnheiten in der Bundesrepublik Deutschland von 1945 bis zur Gegenwart spezielle Probleme der Lebensmittelproduktion und des Lebensmittelkonsums unter dem Aspekt der gesunden Ernährung dar.

Wolfgang Protzner begann mit der Not und dem Elend der Nachkriegsjahre. Die Deutschen waren zurückgefallen in ein Volk der Jäger und Sammler, sie überlebten als Hamsterer und Schieber. Das Denken und Handeln kreiste um die Bedürfnisse eines knurrenden Magens.

Mit Beginn des wirtschaftlichen Aufschwunges überschwappte Deutschland eine "Freßwelle". Fett und reichlich mußten die Portionen sein, viel Fleisch wurde zum Maßstab. Aus den ausgemergelten Gestalten wurden die beleibten Wirtschaftswundertypen.

Man kann nicht behaupten, daß die Küche der Hungerjahre und der Freßwelle phantasielos war. Es ist erstaunlich, was in den Hungerjahren alles eßbar gemacht wurde. Noch erstaunlicher ist, was die Deutschen in der ersten Hälfte der 50er Jahre verdrücken konnten. Die Küche war damals sättigend und vollmachend, rustikal - aber nicht weltmännisch.

Doch das wurde bald anders. Mit dem Hereinströmen der Gastarbeiter aus Italien, Jugoslawien, Spanien, Griechenland, später aus der Türkei, kamen fremde Geschmäcke, Gerüche und Eßgewohnheiten nach Deutschland. Aber es waren nicht nur die Pizzerias und die Balkangrills, die den Deutschen Appetit auf etwas anderes machten. Als die Nachkriegsdeutschen ihre ersten Bedürfnisse im eigenen Land erfüllt hatten, setzte die große Reisewelle ein. Zu Millionen eroberten sie zunächst in Autos, dann in Charterflugzeugen fremde Strände. Der Auslandsurlaub wurde für die Deutschen zu einem Statussymbol wie das Auto, das Haus, die Wohnungseinrichtung und die Kleidung. Freunde, Verwandte, Arbeitskollegen am Urlaub teilhaben zu lassen, wurde zu einem der wichtigsten Gesprächsthemen. Und so wie die Deutschen ihre Urlaubsdias sich selbst und im Freundeskreis oft und oft vorführen, so pflegen sie auch kulinarische Urlaubserinnerungen: indem sie Gerichte aus den Urlaubsländern nachkochen oder in ausländischen Restaurants zum Essen gehen.

Mit Beginn der 70er Jahre lassen sich in der deutschen Küche vier Trends beobachten. Durchaus widersprüchlich in ihrer Ausprägung, aber stabil nebeneinander existierend.

Da entstanden die Gourmetstempel, durch Michelin-Stern ausgewiesen, neben den Fast-Food-Abfertigungsanlagen. Die jeweils dahinterstehenden Eßkulturen, die sich zueinander wie Feuer und Wasser verhalten, sehen wir heute nicht am Ende einer Entwicklung, sondern sie boomen nebeneinander her. Sie sind auch keine Erfindungen der 70er Jahre, sondern wie Harald Winkel und Karl Möckl nachweisen, Ausdruck von Nahrungsgewohnheiten und Eßkulturen, die ihre Wurzeln im Vorkriegsdeutschland haben.

Die dritte Richtung wird von der regionalen Küche markiert. Sie geht einher mit dem Trend des weltmännisch gewordenen Deutschen, sich bewußt seiner Heimat und dem, was sie in Geschichte und Kultur aber auch an besonderen Nahrungsmitteln hervorgebracht hat, zu erinnern. Diese regionale Küche verarbeitet das, was die jeweilige Landschaft und die Jahreszeit hergeben, meist in Familienbetrieben, zu überaus phantasiereichen und schmackhaften Gerichten.

Und schließlich wurden die Deutschen inne, daß das, was sie aßen, vor allem aber die Quantität, ihrer Gesundheit nicht immer zuträglich ist. Der Ausfluß dieser Erkenntnis ist die Gesundheitswelle im Essen und hier gilt es, Vorurteile und nahezu glaubenskriegsmäßig vorangetriebene Unrichtigkeiten abzubauen. Derjenige, der sich gesund ernährt, muß nicht jener verbiesterte Körneresser sein, den manche sich gern darunter vorstellen. Dies zeigen Berthold Thomas und Walter Feldheim auf.

Die bis hier abgedruckten Referate der Fachtagung versuchen diese Entwicklung vom Gourmand zum Gourmet nachzuzeichnen. Hans-Joachim Anders von der Gesellschaft für Markt-, Konsum- und Absatzforschung e.V. in Nürnberg wagt aufgrund der ihm vorliegenden Fakten und Trends eine Prognose: Was werden wir im Jahr 2000 essen?

Aus diesem mehr chronologischen Abriß des Versuchs einer Kulturgeschichte des Essens im Nachkriegsdeutschland fallen bewußt drei Referate heraus, die sich mit Sonderproblemen der Ernährung im Nachkriegsdeutschland beschäftigen. Es sind dies: der Versuch von Irmgard Schön, den Wandel der Verzehrsgewohnheiten bei Fleisch von 1945 bis zur Gegenwart aufzuzeigen, die Abhandlung von Werner Frey vom Gewürzwerk Raps & Co., aufzuzeigen, was Gewürze und Kräuter dazu beitragen können, die gesundheitsschädigende Kochsalzverwendung in Lebensmitteln zu kompensieren; und schließlich der Vortrag von Benedikt Lauter aus der Firmengruppe Ireks Arkady, der der Frage nachgeht: "Was wurde aus unserem täglichen Brot"?

Zum Abschluß der Fachtagung wurde die "Kulmbacher Akademie für gesunde Ernährung e.V." gegründet.

Ziel dieser Einrichtung ist es, durch Vortragsreihen und Seminare dazu beizutragen, daß in der Öffentlichkeit der Gedanke der gesunden Ernährung gefördert wird.

Neben dem Dank an alle Referenten und die mit der Vorbereitung und Durchführung der Veranstaltung befaßten Bediensteten der Stadt Kulmbach gebührt dem Stadtrat der Großen Kreisstadt Kulmbach besonderer Dank. Das Produzieren gesunder Nahrungsmittel, das Forschen darüber, das Verbreiten des Wissens darüber ist sicherlich eine Zukunftsaufgabe von immer größer werdender Aktualität. Die Stadt lebt nicht nur vom guten Ruf, ein Nahrungsmittelzentrum zu sein, sondern will ihrerseits die dortigen Aktivitäten von Forschungseinrichtungen, Ausbildungsstätten und den vielen Betrieben unterstützen. Das ist der Grund, weshalb der Stadtrat erhebliche Mittel für die Ausgestaltung dieser Tagung, die Veröffentlichung dieses Sammelbandes und eine Grundausstattung für die "Kulmbacher Akademie für gesunde Ernährung e.V." zur Verfügung gestellt hat.

Für die Aufnahme in die Reihe "Beiträge zur Wirtschafts- und Sozialgeschichte", sowie für die Mithilfe während der Fachtagung sei Herrn Prof. Dr. Dr. habil. Jürgen Schneider gedankt.

Frau Barbara Zeck und Herr Peter Moser (beide Universität Bamberg) besorgten die Redaktion, den Satz und die Druckvorbereitung.

Kulmbach, im Januar 1987   Wolfgang Protzner

Vom Hungerwinter bis zum Beginn der "Freßwelle"

Wolfgang Protzner

Mein Thema hat viel zu tun mit dem Schicksal einer wohl 300jährigen Rotbuche, die gewaltig eine Scheune überragt und das Bild des Ortseingangs eines kleinen Frankenwalddorfes bestimmt. Der Baumriese ist von innen ausgefault und muß in nächster Zeit gefällt werden. Mich rührt jeder charakteristische Baum, der gefällt werden muß. Dieser besonders! Denn aus den Bucheckern, die er Herbst für Herbst zentnerweise in den Oktoberstürmen abschüttelt, sowie einer Handvoll "Welscher Nüsse", die ich aus einem Bauerngarten geklaut hatte, von dem Mehl aus selbstgestoppeltem Getreide, sowie aus Sirup und etwas Kunsthonig verfertigte mir meine Großmutter im Hungerwinter 1946/47 die ersten Lebkuchen meines Lebens. Sie verfertigte sie, das ist wohl die richtige Bezeichnung für die sondersame Backkunst! Doch das Produkt ist mir in wacher Erinnerung! Noch deutlicher aber sehe ich mich unter diesem Baum beim Bucheckernlesen, beim schnellen Unterscheiden zwischen tauben und vollen Bucheckern, denn die Konkurrenz war groß. Neben 32 einheimischen Kindern beherbergten die 14 Gehöfte des Dorfes damals noch 20 Flüchtlingskinder.

Mit den Zutaten, aus denen meine Lebkuchen hergestellt wurden, hatte ich es im Vergleich der damaligen Zeit noch gut getroffen. Die Zeitschrift "Der Silberstreifen" (Heft 2/3, 1947) brachte das Rezept für "Eichel-Lebkuchen" und "Kastenlebkuchen". Das Mehl aus Eicheln diente zum Strecken des raren Mehls aus Roggen und Weizen.

"1 1/2 Pfund Eichelmehl, 1 1/2 Pfund Mehl, 1 Pfund Zucker, 10 Gramm Hirschhornsalz oder 1 Backpulver, Lebkuchengewürz, so man hat, 3 Eier, werden mit 1 Pfund heißgemachtem Syrup vermischt und der Teig gut verarbeitet, auf ein Blech gestrichen, 5-10 Minuten gebacken und heiß geschnitten.

Kastenlebkuchen

1/2 Pfund Syrup, 100 Gramm Zucker, 1/2 Pfund Eichelmehl, 1/2 Pfund dunkles Mehl (1 Ei, 70 Gramm Fett, kann auch wegbleiben), Lebkuchengewürz, 1 Backpulver, 1/4 Liter Magermilch zusammenrühren und in gefetteter Kastenform gut durchbacken". (Der Silberstreifen, Heft 2/3, Sept. 1947, Seite 63)

Mein Thema nährt sich also aus jenen frühen eigenen Erinnerungen, die oft und oft früher von den Großeltern, dann von der Mutter, von Verwandten und Nachbarn aufgefrischt wurden, von Erzählungen, die diese Zeit als "schlimme Zeit" überschreiben.

Nur, diese Charakteristik "schlimm" hat diese Zeit in der eigenen Erinnerung nicht. Das, was damals die Erwachsenen existenziell umtrieb, schienen die Kinder ausgeklammert zu haben!

So ist es schon notwendig, diese eigene Jugend selbst an Hand von Quellen, Schilderungen und Abhandlungen zu rekonstruieren. Dabei stoßen wir auf ein erstaunliches Phänomen: wiewohl in fast allen Darstellungen zur Vor- und Frühgeschichte der Bundesrepublik Deutschland darauf verwiesen wird, daß das elementare Problem aller Politik in der Versorgung und Ernährung einer geschundenen Bevölkerung bestand, gibt es kaum mehr als eine Handvoll Studien, die Not und Hunger detailliert zu beschreiben versuchen. (Trittel: Die westlichen Besatzungsmächte und der Kampf gegen Mangel 1945-1948, apz, B 22/86, S. 18)

Hunger und Not waren das Schlüsselproblem jener Zeit! Es zu verlebendigen, ist nicht ganz unproblematisch. Die Zusammenstellung von Mindestrationen, das Interpretieren von Zuteilungsperioden führt zu dürren Statistiken und Zahlenkolonnen. Emotionale Betroffenheit aber, lösen nur konkrete Einzelschicksale und Beiläufigkeiten jener Zeit aus. Die noch Lebenden zum Erzählen zu bringen, lokale Archive abzusuchen, muß zusätzlich den Forschungsweg bestimmen. Ein beeindruckendes Buch, das so verfährt, ist 1971 erschienen. Die Bilder und packenden Texte von Frank Grube und Gerhard Richter in dem Band "Die Schwarzmarktzeit" (Grube/Richter: Die Schwarzmarktzeit, Hamburg 1971) handeln diese Zeit nicht ab, sie erzählen sie. Das Grundsätzliche am Zufälligen zu konkretisieren, soll auch in diesem Referat versucht werden.

1. Hungerleider Nr. 1

Ende 1946 war die Pro-Kopf- Produktion der deutschen Wirtschaft auf den Stand von 1865 (!) zurückgefallen. Die Menschen mußten durchschnittlich mit 60 % der Vorkriegskalorien auskommen. Diese Durchschnittszahl ist schon dramatisch, kaschiert aber eher die reale Not. Mehr als ein Drittel der Menschen, besonders die in die Städte zurückflutenden Ausgebombten und Heimkehrer, die 12 Millionen Flüchtlinge und Vertriebenen, die Besitzlosen, erhielten lediglich 1000 bis 1700 kcal, also nur 30 bis 45 % des Vorkriegssatzes und jeweils in den Frühjahren 1946, 1947 und 1948 rutschte die Versorgung der städtischen Bevölkerung auf 1000 kcal, im Ruhrgebiet sogar auf nur 800 kcal ab. Diese Durchschnittszahlen verdeutlichen auch nicht die einschneidende qualitative Verschlechterung der Ernährung. Fleisch und Fett waren Mangelware; der tägliche Eiweißgehalt der Nahrung sank auf 35 Gramm und die Fettversorgung betrug im Frühjahr 1948 nur noch 5,5 Gramm täglich.

Die typische Normalverbraucherzuteilung bestand 1948 bei der 110. Lebensmittelzuteilungsperiode in Gelsenkirchen aus:

> 321,4 Gramm Brot, 35,7 Gramm Nährmittel, 4,4 Gramm Kaffee-Ersatz, 17,8 Gramm Fisch, 7,1 Gramm Fleisch, 2,2 Gramm Käse, 8,9 Gramm Zucker und 16,1 Gramm Marmelade pro Tag (Horbelt/Spindler: Tante Linas Kriegskochbuch, Frankfurt 1982, S. 196).

Gut dran waren da die Selbstversorger, die kaum eine nennenswerte Einschränkung des Vorkriegslebensstandards hinzunehmen hatten, sieht man von den für alle geltenden Mangelprodukten Kaffee, Schokolade usw. ab. Aber nur 14 % der Bevölkerung gehörten zu dieser Gruppe der Landwirte und ihrer Familienangehörigen.

Die Folgen des verlorenen Krieges haben die meisten Menschen in keinem Lebensbereich konkreter, unmittelbarer und empfindlicher gespürt als in dem der Lebensmittelversorgung. Mehr als alle anderen Fragen hat die Sorge um den Lebensunterhalt, die Sorge um Kartoffeln und Brot, um Rationen und Kalorien das Denken und Handeln der Menschen bestimmt. Im täglichen Kampf um die Sicherung der physischen Existenz haben insbesondere die Städter vielfach wieder Überlebensformen entwickelt, die an längst überwundene Notzeiten erinnerten und oft genug robinsonhafte Züge trugen. Viele Deutsche waren zurückgefallen, zu Jägern und Sammlern.

In der letzten Ausgabe des Jahre 1947 von "Silberstreifen" finden wir sehr konkrete Anleitungen zum Sammeln: "Wildgemüse und Kräutervorschau für das neue Jahr":

"Die Konserven sind verbraucht, die Krautstauden konnten nicht gefüllt werden, die Kartoffelhürden sehen einer Öde gleich. Irgend einen Ersatz muß es geben. Sind es die Rüben des Jahres 1916. Wir danken. Kohlrüben sind im vergangenen heißen Sommer klein geblieben und holzig geworden.

Retter kann nur das Wildgemüse sein. Schon im März beginnt es zu sprossen und übertrifft unsere im Garten gezogenen Gemüsepflanzen an Vitamingehalt und Gesundheitswert. Es hat sich allmählich herumgesprochen, daß manch einer unserer Soldaten und Kriegsgefangenen in dem so schweren Jahr 1945 sein Leben nur durch Wildgemüse und Heilkräuter vor Hungertod, Typhus und Ruhr rettete.

Voriges Jahr hat uns die reiche Bucheleseernte über den Winter geholfen. Heuer wird es für manche Gegenden das Obst, für die Masse unserer Bevölkerung das Wildgemüse sein. Anders können wir nicht durch die Scilla und Carybdis der Ernährungsenge steuern.

Auf unserem Heimatboden gedeihen etwa 50 Wildgemüsearten, die wir in größerem oder kleinerem Ausmaß irgendwie verwerten können. Hier sollen nur die gangbarsten Erwähnung finden. Ersatz für den im Vorfrühling fehlenden Chicoree ist der Löwenzahn auf Äckern und Kleefeldern. Je früher er geholt wird, desto zarter ist er. Auf umgepflügten Stoppelfeldern erlebt er, weil die Blätter abwärts und die Wurzeln nach oben zu liegen kommen, im Frühjahr eine gewisse Bleichung wie der echte Chicoree. Ein so gebleichter Löwenzahn wird von den Franzosen mit Vorliebe genossen. Sollte er uns in Verbindung mit Ackersalat und etwas Zwiebeln nicht auch munden ...? Es ist heute die wichtigste Aufgabe der Hausfrau, mit einfachen Mitteln und scheinbar nichtigen Dingen die schwierige Ernährungsfrage zu meistern und die Gesundheit der Familie zu erhalten". (Der Silberstreifen, 11/12, 1947, S. 48f.)

Die Ernährungswirtschaft nach dem 2. Weltkrieg war ein komplexes System. Da haben wir das Bewirtschaftungssystem, das die Landwirtschaft reglementierte, und das Rationierungssystem, das die Verbraucher mit Lebensmitteln versorgte. Die Rationen mit dem tatsächlichen Verbrauch gleichzusetzen, ist jedoch ein Trugschluß. Hat es doch nach dem 2. Weltkrieg nicht ein, sondern zwei ernährungswirtschaftliche Verteilungssysteme gegeben: das offizielle, das die Lebensmittel mittels Bezugsscheinen grammweise an die Verbraucher verteilte und das illegale Verteilungssystem, der sog. Schwarze Markt, der sich hinsichtlich Preis- bzw. Tauschwert an marktwirtschaftlichen Prinzipien orientierte. Ein System, das zwar von den Behörden verfolgt wurde, aber dennoch funktionierte und vielen Menschen das Leben rettete.

"Die offiziellen Rationen waren der Ernährungssockel, auf dem jedermann stand. Mancher hatte darauf ein mehr oder minder großes Kalorienpodest gestellt, das ihm eine bessere, manchmal sogar gute Versorgung gewährleistete". (Rothenberger: Die Hungerjahre nach dem Zweiten Weltkrieg, Boppard am Rhein, 1980, S. 4)

Geld spielte jetzt eine untergeordnete Rolle. Seine bequeme Warenersatzfunktion war ausgeschaltet. Der Handel geschah wieder auf der Basis Ware gegen Ware.

Nicht nur der einzelne praktizierte es so. Auch Betriebe gingen dazu über, ihre Arbeiter und Angestellten mit Waren zu bezahlen. So wissen wir es aus dem "Schwarzmarktbericht der Stadt München vom 20.02.1946", daß die Werkskantine der Elektrotechnischen Versuchsanstalt der Reichsbahn in München-Freimann durch Schwarzeinkäufe Vieh und Getreide aus der Landshuter Gegend, darunter zwei Ochsen, fünf Schweine, vier Spanferkel, 19 Zentner Weizen, sechs Zentner Mehl, innerhalb eines Jahres der allgemeinen Versorgung entzogen und an ihre Werksangehörigen natürlich "ohne Marken" verteilte.

Ein Geschäft im Nachkriegsdeutschland des Jahres 1946 schildert uns Helge Pross. Ein Teppich der Firma Vorwerk & Co wurde zu den damals üblichen Bedingungen in Lebensmittel eingetauscht.

"Als meine Eltern 1925 heirateten, hatten sie bald genug gespart, um sich einen Teppich kaufen zu können - einen Vorwerk-Teppich. Er kostete die stolze Summe von 610 Mark. Am Abend kam mein Vater nach Hause, sah den ausgelegten Teppich, zog die Schuhe aus und ging auf Strümpfen über das neue Stück. 'Weib' sagte er zu meiner Mutter, 'man sinkt ganz tief ein, es ist ein richtiger Teppich'.

Der Teppich hat in meiner Familie auch später noch eine Rolle gespielt. Anfang 1946 wanderte er aufs Land. Gemäß dem damaligen Wechselkurs erhielten wir ein ganzes, fertig zerlegtes Schwein dafür, einschließlich zweier Eimer Schmalz und als Zugabe 20 Eier.

Die von meiner Mutter immer wieder erzählte Teppichgeschichte war meine erste Bekanntschaft mit Vorwerk. Noch ehe ich in die Schule kam, hatte sich der Name mir eingeprägt". (Pross: Der Geist der Unternehmer; Düsseldorf 1983, S. 183)

Neben solchen Kompensationsgeschäften spielte das "Hamstern" eine lebenserhaltende Rolle. Das Buch von Frank Baer "Die Magermilchbande" schildert die Erlebnisse einer Gruppe Berliner Kinder, die sich nach Kriegsende von der Tschechoslowakei aus nach Hause durchschlagen. Gegen Kriegsende waren sie in aller Hast nach Westen verfrachtet worden. Die meisten landeten im Bayerischen Wald. Notdürftig untergebracht, mangelhaft ernährt, von ihren Lehrern im Stich gelassen und ohne Nachricht von ihren Eltern, machten sich viele Kinder selbständig und versuchten auf eigene Faust, nach Berlin zu kommen.

"Es war ein kleines Dorf mit einem Dutzend behäbiger Höfe und ein paar kleineren Anwesen dazwischen. Sie ließen kein einziges Haus aus, bettelten sich durch vom Dorfeingang bis zum letzten Hof, klopften an jede Tür, sagten im Chor 'Grüß Gott', schoben die Kleine vor, damit sie den Bettelspruch aufsagte. 'Bitte, haben Sie etwas zu essen für uns'? Meist kamen sie gar nicht so weit, daß Tilli den Spruch aufsagen konnte. Da wurde ihnen die Tür gleich wieder vor der Nase zugeschlagen. Manchmal kam ein kleines Kind an die Tür und schrie ins Haus zurück: 'Mama, da sind schon wieder welche, die was wollen!', und von innen tönte die Antwort: 'Wir ham nix!' Oder eine mißtrauische alte Frau keifte zum Fenster heraus: 'Betteln könnt ihr woanders!' Oder die Bäuerin schrie, kaum daß sie sich im Hoftor aufgestellt hatten: 'Schaut bloß, daß ihr weiterkommt'! Und bei jedem zweiten Hof rührte sich überhaupt nichts, da bellten nur die Hunde. Sie zogen weiter. Der Hunger begann sie zu quälen. Sie hatten den ganzen Tag noch nichts gegessen. Erst gegen fünf erreichten sie das nächste Dorf.

Sie dachten sich eine Geschichte für die beiden Kleinen aus. Daß sie aus Schlesien stammten und sechs Monate in einem Lager gelebt hätten, und die Mutter wäre ihnen gestorben und der Lagerleiter hätte ihre ganze Habe unterschlagen, und jetzt wollten sie zu ihren Großeltern nach Berlin. Es war eine Geschichte, die einmal zwei Mädchen der Sägemüllerin erzählt hatten, und Bille konnte sich erinnern, daß die beiden dafür immerhin einen Viertel Laib Brot und ein Kochgeschirr voll Milch bekommen hatten. Es mußte eine gute Geschichte sein.

Vor den ersten Höfen trennten sie sich, nur Adolf und Tilli blieben zusammen. Sie teilten die Höfe auf, die jeder abklappern sollte, machten aus, sich hinterher an der Kirche wieder zu treffen.

Bille kam als erste zum Treffpunkt zurück. Sie brachte nur einen Kanten Brot mit, ein kleines Ende, hart wie Stein, aber Bauernbrot, man konnte es lutschen. Peter hatte zwei Kartoffeln. Maxe hatte nichts. Er war niedergeschlagen. Er konnte nicht hamstern, er mußte sich schon jedesmal überwinden, überhaupt anzuklopfen ...

Sie saßen zu dritt auf der Kirchentreppe und warteten auf die beiden Kleinen ...

Endlich kam Adolf angerannt, erhitzt und außer Atem. Sie hätten ein Quartier für die Nacht, und dreimal hätten sie zu Abend gegessen, ihm wäre schon ganz schlecht, immer hatte es Kartoffeln mit fettem, gekochtem Schweinefleisch gegeben, und Tilli hätte ihre ganze Tasche damit vollgestopft, da könnten sie auch noch satt werden davon.

Er führte sie zu einem niedrigen Hof am Dorfausgang. Nur zwei winzige Fenster im Erdgeschoß waren erleuchtet. Adolf klopfte, und wenig später kam eine alte Frau heraus, die Tilli an der Hand führte und mit einem Windlicht leuchtete. Sie gingen hinter ihr her um den Hof herum. An der Rückwand öffnete sie ein Vorhängeschloß und schob einen Balken hoch und zog das Tor auf und ließ sie hinein. Hielt das Licht hoch, daß sie etwas erkennen konnten, und schrie ihnen nach, sie sollten auf dem Stroh schlafen und es sich bloß nicht einfallen lassen, ins Heu zu kriechen, da könnten sie was erleben. Dann schloß sie das Tor. Sie setzten sich unter eine Fensterluke und nahmen sich Tillis Täschchen vor. Es war vollgestopft bis zum Rand mit Fleischbrocken und zerquetschten Kartoffeln. Bille holte die Pampe mit dem Löffel heraus und teilte sie in drei Portionen auf und säuberte das Fleisch von Tillis Krimskrams. Da hingen Haarspangen dran und Münzen und Flaschengummis und Glasperlen und eine verschrumpelte Kastanie.

Sie wurden nicht satt. Aber sie mußten nicht mit leerem Magen einschlafen und hatten ein Dach über dem Kopf und eine weiche, warme Unterlage zum Schlafen. Sie konnten zufrieden sein!"
(F. Baer: Die Magermilchbande, Hamburg 1979, S. 247ff.)

Schwarzmarkt, Tausch- und Schleichhandel war das marktwirtschaftliche Element von Unten gegen die behördliche Verwaltung des Mangels von Oben. Die Schwarzmarktpreise lagen deutlich über den offiziellen Preisen, sie ergaben sich aus Angebot und Nachfrage. Doch bald bildeten sich Richtpreise heraus.

Ware	Offizieller Preis 1947	Schwarzmarkt-Preise 1946/47
1 kg Fleisch	2,20 RM	60-80 RM
1 kg Brot	0,37 RM	20-30 RM
1 kg Weißbrot		20 RM
1 kg Kartoffel	0,12 RM	4 RM (1946)
1 kg Kartoffel	0,12 RM	12 RM (1947)
1 kg Zucker	1,07 RM	120-180 RM
20 Zigaretten	2,80 RM	70-100 RM (US-Zig.)
		50 RM (franz.Z.)
1 l Speiseöl	2,50 RM	150-180 RM (1946)
1 l Speiseöl	2,50 RM	230-360 RM (1947-48)
1 kg Butter	4,00 RM	350-550 RM
1 kg Milchpulver		140-160 RM
1 Flasche Wein	2,00 RM	30-40 RM
1 l Schnaps		300 RM
1 l Benzin		8-12 RM
1 Tasse Kaffee		20 RM

Im Juni 1947 veröffentlichte ein Rechtsanwalt Dr. Karl Kromer im Otto Meißner Verlag, Schloß Bleckede an der Elbe zu diesem Thema ein Bändchen "Recht für Jeden", "Frage und Antwort mit 500 praktischen Beispielen".

Und das liest sich dann so:

"Der Großschieber

Unter welche Straf-	Die Straftaten des Großsschiebers
bestimmungen fällt der	sind Wirtschaftsverbrechen.
Großschieber?	

Verstöße der Verbraucher gegen Verbrauchsregelungensbestimmungen sind in der Regel Übertretungen.

Bei Zuwiderhandlungen der Gewerbetreibenden liegen Vergehen vor. Sie sind also mit schärferen Strafen bedroht.

Großschieber sind jene gewissenlose Geschäftemacher, die durch Großschiebungen böswillig die allgemeine Versorgung gefährden.

Beispiel: Meisel, ein Münchener Kaufmann, machte im Wagen seines Geschäftsfreundes die Fahrt nach Hamburg mit. Bestimmte Gründe zur Teilnahme an der Reise hatte er nicht. Es bestand für ihn die entfernte Möglichkeit, sich in Kompensationsgeschäfte, die der Geschäftsfreund erledigen wollte, einzuschalten.

In Hamburg angekommen, hatte Meisel viel freie Zeit und sah sich die Stadt an, vor allem St. Pauli. Vom alten Glanz dieses Stadtteils war nichts mehr zu spüren. Interessante Leute konnte man dort aber kennenlernen. Da war ein Landsmann des Meisel, der von großen Geschäften sprach. An Brillantenwar er interessiert, dann aber auch an Butter. Schließlich bat er Meisel, ihm beim Absatz von Butter behilflich zu sein. Vielleicht wußte Meisel eine Absatzmöglichkeit?

Meisel wollte sich umsehen. Er fragte zunächst seinen Hotelportier. Der Portier kannte einen Mann, der ziemlich viel in "Geschäften" zu tun hatte. Er führte dem Meisel einen Vermittler, Ehlert, zu. Dieser wußte den richtigen Abnehmer, einen gewissen David. Man kam schnell zu einer Übereinkunft. Am nächsten Tage sollten 10 Zentner Butter geliefert werden. Der Abnehmer David nahm inzwischen Verhandlungen mit weiteren Abnehmern auf. Am nächsten Morgen trafen sich Meisel, David und Ehlert mit dem unbekannten

Landsmann, der sie zu einem Lagerraum am Fischmarkt führte, wo 10 Faß Butter lagerten. David hatte schon Vorsorge getroffen, er beschaffte telefonisch einen Wagen, mit dem die Butter abgefahren wurde. Der Kaufpreis wurde sofort bezahlt. Meisel erhielt von dem unbekannten Landsmann eine Provision von 650 RM., Ehlert 500 RM. David wurde beim Absatz der Butter gefaßt; die Großschiebung kam heraus.

David machte sich eines Wirtschaftsverbrechens durch Beiseiteschaffen von Butter schuldig - § 1 KWVO. Butter ist ein lebenswichtiges Erzeugnis; die Menge der gestohlenen Butter war so erheblich, daß eine ernsthafte Gefährdung der Versorgung der Bevölkerung zu befürchten war.

Meisel und Ehlert haben sich als Vermittler wegen Beihilfe zu der Großschiebung des David strafbar gemacht - § 49 StGB, § 1 Abs. 1 KWVO".

(Kromer: Recht für Jeden, Bleckede 1947, S. 42f.)

2. Der Hungerwinter

Der Winter 1946/47 wurde für die Bevölkerung zur härtesten Bewährungsprobe. Viele nannten diese Zeit auch den 8. Kriegswinter. Eine eisige Kälte verschärfte die miserablen Wohn- und Lebensbedingungen der Menschen.

Der zwei Monate während bittere Frost traf eine Bevölkerung ohne Kohlen, ohne ausreichendes Schuhwerk, teilweise in Lumpen gekleidet und unterernährt. Mitte Dezember sanken die Temperaturen auf minus 15 - 20 Grad und stiegen bis Ende Februar nur an wenigen Tagen wieder über den Gefrierpunkt. Durch die lang anhaltende Trockenheit im Herbst 1946 war der Rhein auf seinen niedrigsten Wasserstand seit 1921 abgesunken und fror nun zu. Ende Dezember 1946 bildete sich am Engpaß bei St. Goar eine Eisbarriere, die sich bis Mainz aufstaute. Die Schiffahrt lag still, wodurch die Kohleversorgung zum Erliegen kam. In den beschädigten Häusern mit ihren zugigen Fenstern und Türen und ohne ausreichende Verglasung froren die Menschen erbärmlich. Der Frost sprengte die Wasserleitungen, in den Kellern, ja selbst in den Wohnungen erfroren die Winterkartoffeln. Das dürftig ausgegebene Heizmaterial erlaubte im allgemeinen nicht, mehr als einen Raum zu beheizen. In den Schlafzimmern sank die Temperatur nachts auf Null Grad oder weniger ab, die Fensterscheiben waren wochenlang mit "Eisblumen" belegt, in der Küche, dem einzig beheizten Raum der Wohnung, stieg die

Zimmertemperatur tagsüber selten über 10 bis 12 Grad an. Vielfach trugen die Menschen alles am Leibe, was sie an Kleidungsstücken besaßen. Häufig ließen die Mütter ihre Kinder den ganzen Tag im Bett, weil dies der wärmste Ort der Wohnung war.

Der Transport von Waren und Gütern kam fast zum Erliegen. Allein in der britischen Zone waren von 6500 Lokomotiven nur 2500 einsatzfähig. In der amerikanischen Zone wurden 75 % der Industrieanlagen stillgelegt. Es war ein gnadenloser Kampf gegen Hunger und Kälte. Aus Berlin und Hamburg sind Hunderte von Kältetoten registriert. Rechnet man diese Zahlen für alle Besatzungszonen hoch, so erfroren fast 20 000 durch Hunger entkräftete Menschen vor allem in den unzulänglichen Notunterkünften.

Mehr als diese Zahlen zeigen die folgenden Quellen, was der Hungerwinter war.

Sehnsucht in der 7. Klasse: Die drei Wünsche der heutigen Jugend

"In einer Nürnberger Volksschule, einer siebten Mädchenklasse, wurde kürzlich das Hauff'sche Märchen vom kalten Herz gelesen. Ein gutes Waldgeistlein (vielleicht erinnern sich auch noch manche Erwachsene daran) erscheint darin und gibt drei - beliebig große oder kleine - Wünsche frei. Und alle sollen, so leicht oder schwierig sie auch zu erfüllen sind, verwirklicht werden.

'Wenn ich drei Wünsche frei hätte ...' war auch das Thema eines kleinen Aufsatzes, den die Lehrerin im Anschluß an das Märchen ihren Schülerinnen stellte. 37 Nürnberger Mädchen durften sich einmal ins Reich der Träume versetzen und konnten sich ihre größten und sehnlichsten Wünsche vom Herzen schreiben, durften sich wünschen, nichts als wünschen!

Und was schwebt ihnen nun als das gerade jetzt Begehrenswerteste vor? Die Aufsätzchen waren zum größten Teil schlecht und recht zusammengebaut, aber es war unverkennbar, daß all die geschriebenen Worte aus dem Herzen kamen.

Natürlich sehen die meisten in der Gesundheit und in einem langen Leben das erstrebenswerte Glück, Gesundheit für sich und für die Eltern und Geschwister. 12 Mädchen wünschen sich, 'weil alles kaputt ist', Kleider und Schuhe - vor allen Dingen einfache haltbare Kleider und feste, bequeme Schuhe. Es soll zwar alles schön und nett sein, aber vor allen Dingen praktisch und gut, 'damit es recht lange Zeit getragen werden kann' - das sind die Wünsche der Mädchen in unseren Tagen! Und klingt es nicht wie eine Verheißung, wenn junge Menschen aus tiefster Seele nur die eine Sehnsucht zu schreiben wissen: 'Nie wieder Krieg, daß kein solches Elend mehr kommt'?

Mannigfache Wünsche können wir lesen, verschieden wie die Charaktere der einzelnen Schülerinnen. Für die einen ist der höchste Traum ein kleines Haus mit einem Obst- und Gemüsegarten, für die anderen wieder viel Geld oder auch eine schöne Reise, eine wünscht gar ein neues Dach fürs Schulhaus, 'weil es so grauenhaft hereinregnet' oder eine Geige. Ein paar wünschen, daß der Vater bald aus der Kriegsgefangenschaft heimkehrt.

Einen heißen 'Hauptwunsch' aber findet man fast bei allen 37: 'Ich wünsche mir mehr zu essen'! Die Mädchen erbitten sich Brot oder eine gute Getreideernte, eine größere Lebensmittelzuteilung auf Marken, mehr Zucker oder mehr Fett. Eine von ihnen schreibt mit sorgfältiger Schrift: 'Ich wünsche mir einen Kuchen, aber das kann meine Mutter nicht machen, denn wir haben ja nicht einmal Brot'! Und der Herzenswunsch von zwei Vierzehnjährigen ist 'sich einmal richtig satt essen zu können - essen zu dürfen, was mir schmeckt'. (Nürnberger Nachrichten vom 17.08.1946)

Stundenplan mit Kinderspeisung

"Die ersten Frühlingssonnenstrahlen haben auch die düsteren kahlen Gänge der Schulhäuser aus ihrem frostigen Schlaf geweckt. Zwei lange kalte Monate hindurch war es unheimlich still gewesen in den großen Schulgebäuden. Seit einigen Tagen aber sind sie wieder erfüllt von dem fröhlichen Lärm und Lachen der Schulkinder. Ihr jugendlicher Übermut, der während der Unterrichtsstunden von Lehrern und Aufsichtspersonen mühsam eingedämmt wird, bricht wieder siegreich alle Schranken, wenn die Schulstunden vorbei sind und der Teil des Stundenplanes kommt, der für viele den Höhepunkt des ganzen Tages bedeutet: die Schulspeisung. Dichtgedrängt stehen sie auf den Stufen zu den Speisesälen, die durch das Aufstellen von sauberen, weißen Tischen und Bänken aus ehemaligen Luftschutzräumen entstanden. Napf und Löffel in der einen, die Berechtigungskarte in der anderen Hand, so drängen sie ungeduldig zu dem Tisch, an dem ihre Nummer in der langen Liste der von der Aktion Erfaßten angezeichnet wird und sie den Kontrollkupon in Empfang nehmen, mit dem sie sich ihre Portion abholen können. Aber so laut es hier draußen beim Anstellen zugeht, so ruhig wird es drinnen in den Speiseräumen, die für Jungen und Mädchen getrennt sind. Nur das eifrige Klappern der Löffel unterbricht die Stille, unter welcher der süße, dicke Haferbrei vertilgt wird, den es diesmal gibt. Auch die prüfenden Blicke, die jeder auf die Zuteilung des anderen wirft, um sich zu überzeugen, ob er auch bestimmt nicht benachteiligt wurde, verraten, daß in der Küche, die in einem Raum nebenan untergebracht ist, nicht nur nahrhaft, sondern auch schmackhaft gekocht wird.

Über 2400 Kinder werden in den drei Volksschulen: Kaulberg-, Spinnseyer- und Gangolfschule täglich gespeist. Bisher wurden 151 208 Portionen ausgegeben. Der Ortsausschuß für die Auslands-Kinderspeisung hat die gewiß nicht leichte Aufgabe der Organisation dieser Aktion übernommen, die vom 'Länderrat für die Verteilung ausländischer Liebesgaben' ins Leben gerufen wurde und von der Caritas, der Inneren Mission und dem Roten Kreuz in Zusammenarbeit durchgeführt wird.

Die Kinder werden nach gründlicher Überprüfung ihres Gesundheitszustandes durch das Städtische Gesundheitsamt ausgewählt. Blasse, schmächtige Kerlchen sind unter diesen Sechs- bis Vierzehnjährigen, für die der tägliche nahrhafte Zusatz von Milch, Fett, Zucker, Nährmitteln, Ei und Brötchen von sichtbar günstigem Einfluß auf ihre körperliche Kräftigung ist.

Die Lebensmittel, die für diesen Zweck vom Ausland, in erster Linie von Amerika, geliefert werden, garantieren vorläufig eine Fortführung der Schulspeisungen und es besteht die begründete Aussicht, daß diese Hilfsaktion dank dem großen Entgegenkommen der amerikanischen Behörden und Kirchen sogar für 2 Monate wird aufrechterhalten werden können".
(Fränkischer Tag, Bamberg vom 22.3.1947)

Briefe an das Wirtschaftsamt Landau zeichnen ein bedrückendes Bild von der Lage vieler Menschen im Winter 1946/47. Ein Dr. F. G. schrieb am 10. Februar 1947: "Meine Familie besteht aus 8 Köpfen, ich habe 6 Kinder, 5 Söhne im Alter von 18, 17, 13, 11 und 6 Jahren und eine bald 4jährige Tochter. Die Ernährungsgrundlage bildeten bisher die Kartoffeln. Obwohl es davon täglich nur eine Mahlzeit gab und die Kartoffeln gezählt bzw. gewogen wurden, ist der auf Einkellerungsscheine bezogene Kartoffelvorrat nunmehr aufgebraucht. In der Hauptsache deshalb, weil die Kartoffeln, die im letzten Herbst vom Händler bezogen werden mußten, statt wie früher unmittelbar vom Erzeuger, so schlecht waren, daß mindestens ein Drittel davon als Abfall verlorenging. Außerdem litten die Kartoffeln wegen der schlechten Kellerverhältnisse des Hauses sehr stark unter dem Frost. Womit sollen wir nun, nachdem die Kartoffeln aus den angegebenen Gründen zu Ende sind, täglich einigermaßen satt werden? Das Brot allein reicht unmöglich aus. Auf dem Schwarzen Markt habe ich nichts zu bieten. Ich bitte deshalb das städtische Wirtschaftsamt, mir einen Weg anzugeben, wie ich zu Kartoffeln kommen kann, um meine Kinder vor dem zunehmenden Hunger und Verhungern zu bewahren". (Rothenburger, S. 154)

Kochrezepte dieser Zeit waren einfallsreich beim Verlängern und Strecken:

B l u t w u r s t k a r t o f f e l n

Der Inhalt einer frischen Blutwurst wird mit reichlich angeschmorten Zwiebeln und 1/2 Tasse Milch erhitzt. Daran gibt man 1 gute Prise Majoran und 1 Schüssel aufgeschnittene Kartoffeln, Salz und Pfeffer. Man sticht gut um. An Stelle von Blutwurst kann man auch frische Leberwurst nehmen.

V e r l ä n g e r t e s   G u l a s c h

500 g Zwiebeln oder halb Lauch und halb Zwiebeln werden klein geschnitten, in Fett angeschmort, mit 1 Teelöfel Paprika gewürzt und sofort mit Wasser aufgegossen. Man gibt 100 - 200 g kleingeschnittenes Fleisch daran, läßt es weichkochen, salzt und fügt dann beliebige Gemüsereste (Bohnen, Erbsen, Tomaten, Sauerkraut oder Pilze) oder Teigwaren, Reis oder Grütze hinzu und dickt

mit einem Mehlteiglein ein. Das Gulasch soll saftig sein.

G e s t r e c k t e   F l e i s c h p f l a n z l

Mit zuviel Brot oder Kartoffeln gestreckt, schmecken Fleischpflanzl (Frikadellen, Brisoletten oder auch Deutsches Beefsteak genannt) langweilig. Mischt man dagegen durchgedrehten roten Rübensalat bis zum Fleischgewicht darunter, so bleiben sie schön rot und geschmacklich befriedigend. Der Rübengeschmack tritt völlig zurück. Sonst wie 'Fleischpflanzl'.
(Der Silberstreifen, 2/3, 1948, S. 60)

Falscher Honig

Zutaten: 1/2 l Buttermilch, 250 g Zucker, drei Tropfen Zitronen-, drei Tropfen Vanillearoma, zwei geriebene Äpfel.

Buttermilch mit Zucker und den Aromastoffen in einem Topf zum Kochen bringen. Unter ständigem Rühren etwa eine halbe Stunde kochen lassen, bis die Masse dicklich wird. Die geriebenen Äpfel zugeben und noch einmal aufkochen lassen. Dann kalt stellen".

(Privatbesitz)

3.   Die "Freßwelle" beginnt

Am Abend des 18. Juni 1948 teilte der oberste Finanzberater der amerikanischen Administration, Jack Bennett, der deutschen Bevölkerung über Rundfunk mit:

"Die neue Währung heißt Deutsche Mark ... Jeder wird haushalten müssen, und jeder soll sich bei seinen Einkäufen ernstlich überlegen, ob die Ware den geforderten Preis auch wirklich wert ist".

Am Sonntag darauf, es war der 21. Juni, wurde die Währung in den drei westlichen Besatzungszonen umgestellt. Mit 40 Mark Kopfgeld, später kamen weitere 20 Mark dazu, begann für jeden eine neue Zeit.

Dem Tauschhandel war damit die Grundlage entzogen. Gutes Geld gegen Ware galt von jetzt an! Über Nacht füllten sich wieder die Regale der Läden. Fassungslos standen die Menschen vor prall gefüllten Schaufenstern. Das neue Geld brachte die bislang gehorteten Waren in die Läden. Die Nachfrage stieg, die Industrie bekam Aufträge, viele fanden wieder Arbeit und Verdienst.

Die meisten Deutschen gaben das erste Geld für das Allernötigste aus und das war für Essen.

Für die Landwirtschaft war es von großer Bedeutung, daß die Währungsreform im Frühsommer und somit vor der neuen Ernte durchgeführt wurde. Dadurch kamen die Bauern rasch zu neuem Geld und kurbelten durch Maschinen- und Düngerkäufe ihrerseits die Wirtschaft kräftig an. Ganz schnell drehte sich auch die Zielrichtung der Hamsterwege um. Waren es noch vor Wochen die Städter, die mit Tauschwaren aufs Land zogen und den Handwagen mit Kartoffeln, Gemüse und Mehl in ihre Stadt zurückzerrten, so waren es jetzt die Bauern, die als Direktvermarkter in die Städte fuhren und mit neuem Geld zurückkehrten.

Es war klar, mit dem Kopfgeld kamen die Menschen nicht weit:

Nicht der Städter, nicht der Bauer, nicht der Kaufmann.

Ein Leben auf Pump begann! Der Händler verkaufte für ein Viertel Anzahlung, um seinerseits mit den eingenommenen Anzahlungssummen ein größeres Warenkontingent anzahlen zu können.

Noch galt die Rationierung von Lebensmitteln. Aber es war eine Frage der Zeit. Die Lebensmittelmarken verloren von selbst an Bedeutung.

Die Währungsreform hat den Schwarzen Markt nicht eingeschränkt, ihn vielmehr kräftig stimuliert. Bedingt durch die niedrigen Erzeugerpreise und den großen Nachholbedarf der Verbraucher flossen große Mengen an Schweinefleisch, Eiern und Butter in den Schwarzen Markt. Während die Verwaltung Mühe hatte, die geringe Fleischration von 400 bis 500 g im Monat zu gewährleisten, wurde zu gleicher Zeit in den Metzgereien Fleisch pfundweise markenfrei zu überhöhten Preisen verkauft und wurden in den Restaurants Fleischgerichte in beliebiger Menge ohne Marken serviert. In den Bäckereien gab es Weizenbrötchen und Kuchen ohne Marken für jeden, der das Doppelte oder Dreifache des offiziellen Preises bezahlen wollte. Die Uniformierung des Konsums durch die Lebensmittelkarte wich wieder der Herrschaft des Geldbeutels. Die sozialen Unterschiede, jahrelang durch die gemeinsame Not in den Hintergrund gedrückt, traten wieder hervor. Das Ernährungsgefälle zwischen den einzelnen Schichten war in der Tat größer denn je. Neben den bäuerlichen Selbstversorgern waren die Gewerbetreibenden, die nach der Währungsreform ihre gehorteten Waren in gutes Geld umgewandelt hatten, mühelos in der Lage, sich auf dem Schwarzen Markt mit den fehlenden Lebensmitteln zu versorgen. Anders die sozial schwachen Bevölkerungsschichten und vor allem die kinderreichen Familien. Viele Familien waren nur durch Verschuldung und Ratenzahlung zu Mehrkonsum fähig.

Aber es ging gut! Die Kaufpsychose fegte die Ladenregale leer. Die Wirtschaft glich einer sich aufschaukelnden Spirale. Die Ernte des Jahres 1949 war eine Rekordernte. Eine günstige Witterung und gut motivierte Bauern schafften bei vielen Produkten eine Importunabhängigkeit bei Lebensmitteln. Wesentlich früher als in den politischen Plandaten vermutet, konnten so erhebliche Marshall-Plan-Gelder für den Import von Rohstoffen und Investitionsgütern freigemacht werden.

So gab es auf Dauer keine stichhaltigen Argumente für die Beibehaltung des kostspieligen Rationierungssystems mehr. Handel und Gewerbe desavouierten mehr und mehr die Anordnungen der Regierung, und selbst die Verwaltung wirkte an der Destruktion mit, weil ihr die Finanzmittel zum Unterhalt der personalreichen Ernährungsämter fehlten. Während die Prüfer Schwarzschlachtungen nachspürten, luden Gaststätten durch Zeitungsinserat zum Schlachtfest ein - natürlich ohne Marken. Die Bevölkerung ging in der Ernährung eigene Wege und bevorzugte Lebensmittel höherer Qualität wie Fleisch, Butter und Eier, während die offiziellen Rationen überwiegend auf den kohlehydratreichen Mehlprodukten, Zucker und Kartoffeln beruhten. Die letzte offizielle Ration Anfang 1950 bestand aus: 9 000 g Brot, 1 500 g Mehl, 750 g Teigwaren, 1 000 g Fleisch, 1 100 g Fett und 1 500 g Zucker. Mit der Ernährungsrealität hatte dies nichts mehr gemein.

"Hatten die Menschen vor der Währungsreform in langen Schlangen vor den Ernährungsämtern auf die Ausgabe der Lebensmittelkarten gewartet, so mußte die Verwaltung 1949 Versäumnisgebühren bei verspäteter Abholung erheben, um das Abrechnungsverfahren nicht unnötig zu verlängern".(Rothenberger, S. 221)

Am 30. April 1950, endete in der Bundesrepublik endgültig das Rationalisierungs-system, das 11 Jahre zuvor, am 28. August 1939, eingeführt worden war. Die Ernährungsämter schlossen ihre Pforten, der "Normalverbraucher" wurde zur historischen Figur.

Die Freßwelle war im vollen Gange. Und Kurt Blauhorn hat recht: "Wer wollte es den kleinen Genießern verargen, daß sie sich nach all den Hungerjahren wie die Schlemmer auf Peter Breughels Bauernbildern den Magen füllten. Endlich gab es genügend Butter, Schweinebraten, Schinken und langentbehrte Delikatessen". (Kurt Blauhorn: Alles soll jetzt besser werden, in: Dieter Frank (Hrsg.): Die fünfziger Jahre. Als das Leben wieder anfing, München/Zürich 1981, S. 34)

Von Januar bis August 1950 wurden "non essentials", also nicht lebensnotwendige Waren: Rum, Kognak, Likör, Sekt, Hummer, Kaviar, Austern, Kosmetika für 1.189.000.-- Dollar importiert. Insgesamt machten solche Waren, wozu daneben besonders Südfrüchte, Tabak, Kaffee, Schokolade zählten 15 % der Einfuhren aus, was in 1950 und 1951 jährlich ein Beitrag von 1,2 Milliarden DM war.

Der Verzehr der Schokolade und Südfrüchten schwoll so unmäßig an, daß sich die westlichen Außenminister auf der Jahreskonferenz der Europäischen Zahlungs-union im Winter 1950/51 über "Deutschlands überzogenes Konto" heftig entrüste-ten: "Eine solche Vermessenheit stehe den Deutschen nicht zu". (Der Spiegel, 14.03.1951, S. 28f)

Wie schnell die Kalorien-Aufholjagd der ausgehungerten Deutschen ging, machten zwei Zeitungsartikel aus dem Jahre 1952 deutlich:

Die Süddeutsche Zeitung berichtete im April, daß nach amtlichen Schätzungen alle männlichen Einwohner im Durchschnitt um eineinhalb Kilo und alle Frauen um ein Kilo zu schwer seien. Im Hungerwinter 1946/47 hatte man bei den Männern zwölf Kilo und bei den Frauen neun Kilo Untergewicht festgestellt!

Und die Bayerische Rundschau überschreibt einen Bericht über die Jahresversamm-lung der Kulmbacher Metzgerinnung vom 31. Juli 1952: "Metzger 'ersticken förmlich im Fett'".

"In einem wirtschaftlichen Geschäftsbericht stellte Obermeister Heidenreich fest, daß auch das Metzgerhandwerk im abgelaufenen Jahr mit großen Schwierigkeiten habe kämpfen müssen. Die Käuferwünsche hätten sich gegenüber der Zeit nach Aufhebung der Bewirtschaftung wesentlich geändert und die Metzger würden "förmlich im Fett ersticken".

Doch damit nicht genug. Landauf landab fanden Wettessen statt. Über eine solche Weißwurstweltmeisterschaft beim Reichenbächer's Heiner berichtete eine in den fünfziger Jahren beliebte Unterhaltungssendung des Bayerischen Rundfunks "Die Weißblaue Drehorgel": Nach der Melodie von "Geh weg von mei'm Fenster" sangen die drei "Tonmixer":

> "Beim Reichenbächer's Heiner, do draußen auf der Höh'
> Do hamm'ßa neulich g'fressen, das war gar nimmer schee.
> A Schüssel voller Weißwärscht, für Ann des war a Graus.
> Kaum war'n die Dinger Drinna, wor'n sa schon wieder raus".

Auch daran kann ich mich erinnern, ich war damals 11 Jahre alt. Unsere Familie war mittlerweile aus dem Frankenwalddorf in die Kreisstadt gezogen. Wir Kinder konnten nicht in den Saal, aber durch Zurufe des Kopf an Kopf stehenden Publikums bekamen wir mit, daß ein gewisser "Z" 22 Weißwürste verdrückt hatte.

Ich habe mir damals nichts dabei gedacht - sowenig ich mir sechs Jahre zuvor große Gedanken über meine ersten Lebkuchen gemacht hatte!
Heute bewegt es mich schon, was innerhalb von sechs Jahren in Menschen und mit Menschen passieren kann!

Zusammenfassung

Für den größten Teil der westdeutschen Bevölkerung war im ersten Jahrzehnt nach dem 2. Weltkrieg zunächst die pure Erhaltung dann die unmäßige Befriedigung ihrer materiellen Existenzgrundlagen zu dem Fixpunkt ihres Denkens und Handelns geworden. Fragen der Politik überdeckte zunächst der knurrende Magen, die zehnfach geflickte Hose, das menschenunwürdige Dach über dem Kopf, die kälteklirrenden Knochen und dann die Möglichkeit, in einem gigantischen Rausch des Schaffens und Raffens die finanziellen Möglichkeiten zu bekommen, das Versäumte nachzuholen und - wenn möglich - auf Dauer abzusichern.

So folgte auf die jahrelange Hungersnot die "Freßwelle", die ausgemergelten Gestalten übertrafen bald das von Medizinstatistikern ermittelte Normalgewicht, die einstmals faltigen Gestalten wuchsen sich zum Statussymbol des Wirtschaftswunderkörpers aus.

Das geschah noch dazu in einer Zeit, die weltpolitisch alles andere als ruhig war. In knapp mehr als 30 Jahren hatten die Überlebenden zwei schreckliche Kriege, drei Inflationen, zwei Geldentwertungen, Tote, Verwundete, Gefangene, Verfolgte in jeder Familie usw. psychisch zu verdauen gehabt. Das war aber noch nicht alles! Die Hoffnung, die ab 1948 in Meinungsbefragungen zu registrieren war, war eine Hoffnung unter der Angst einer noch größeren und grausameren militärischen Auseinandersetzung. Die Berlinkrise, der Koreakrieg, die Herausbildung von Ost- und Westblock boten weiß Gott kein ruhiges Polster für perspektivische Überlegungen.

Sie aßen, die Deutschen, richteten sich ihre Wohnungen mit Nierentischchen ein, freuten sich über ihre Zündap, den Leukoplastbomber von Borgward oder gar einen Käfer.

Den Deutschen jener Zeit dies übelnehmen zu wollen, die politischen Abstinenzen vieler zu kritisieren, ist oft Unrecht, gelegentlich eine intellektuelle Schnöselei vom Schreibtisch.

"Die Chancen für eine politische und soziale Erneuerung Deutschlands, die nach Ende der Hitler-Herrschaft gegeben waren, sind weitgehend vertan", lesen wir in Arbeiten, die das Nachkriegsdeutschland als schlichte Restauration des Vorkriegsdeutschlands schildern. So darf man nicht urteilen! Diese Chancen waren so nie da. Die Not, der Hunger und schließlich deren maßlose Kompensation diktierten andere Prioritäten.

Vom Gourmand zum Gourmet

Harald Winkel

"Millionen haben es geschafft. Auch Sie können es schaffen. Schlank mit Elan ... ist das seit Jahren erfolgreichste Ernährungsprogramm zum Abnehmen. Machen Sie den Schritt in ein leichteres und angenehmeres Leben. Wir zeigen Ihnen den Weg".

Diese beliebig aus der Presse herausgegriffene Anzeige ist eine Folge jenes Phänomens, über das hier berichtet werden soll: die Freß- und Edel-Freßwelle der späteren Nachkriegszeit. Vierzig Jahre nach der Zeit des großen Hungers 1946/47 sieht es so aus, als bestätige sich auf eindrucksvolle Weise, was ein deutsches Nachrichtenmagazin schon im November 1946 ahnungsvoll prophezeite: "Der Hunger scheint unser Schicksal zu sein". Freilich gilt dies heute in einem umgekehrten Sinn. Es wird nicht einfach gehungert, um überflüssige Pfunde wieder abzuspecken: Vielmehr sorgen "wissenschaftlich ausgewogene Programme" dafür, daß der Delinquent ohne Schaden zu nehmen "auf natürliche und gesunde Weise" an Gewicht verliert - und mit ihm auch sein Portemonnaie.

Hier liegt der Unterschied zum Jahre 1947: Zwar hungerte man damals auch schon auf "natürliche Weise", doch war dies wenigstens umsonst. Heute dagegen sind die Bürger der Bundesrepublik so wohlhabend geworden, daß sie sich den Luxus leisten können, für Konsumverzicht bares Geld hinzulegen; angesichts des Hungers in weiten Teilen der Welt ein Umstand, der nicht nur zum Schmunzeln reizt. Daß dies keine Erscheinung ist, die sich allein auf den   p r i v a t e n   Konsum beschränkt, lehrt ein Blick auf die europäische Agrarpolitik, wo unter kaum noch tragbarem Finanzaufwand in einem Teil der Welt nicht benötigte Nahrungsmittel angebaut, verarbeitet, gelagert und anschließend wieder vernichtet werden, während gleichzeitig in anderen Teilen der Welt akute Versorgungsmängel bestehen. Es ist überflüssig zu sagen, daß dieser Umstand für einen marktwirtschaftlich wie sozial denkenden Menschen änderungswürdig erscheint - für unsere historische Betrachtung ist er in erster Linie erklärungsbedürftig. Was hat die Menschen in der Nachkriegszeit zu einem derartigen Verhalten, zu einem so tief im Unterbewußtsein verankerten Verhältnis zum Besitz von Nahrungsmitteln veranlaßt?

Eine wichtige Erklärung findet sich gewiß in den großen Entbehrungen, die die Bevölkerung in den Jahren unmittelbar nach Kriegsende auf sich zu nehmen hatte. Das in Besatzungszonen aufgeteilte, von allen Zufuhren abgeschnittene und um weite Teile der eigenen Versorgungsbasis in den östlichen Landesteilen beraubte Deutschland erlebte zwischen Kriegsende und der Währungsreform 1948 Hungerjahre, wie man sie nur aus alten, über Mißernten berichtenden Chroniken kannte. Heinrich Böll schildert aus eigenem Erleben in seinem 1955 erschienenen Roman "Das Brot der frühen Jahre" diese Zeit des großen Hungers: "Ich habe den Preis für alle Dinge erfahren müssen - weil ich ihn nie zahlen konnte -, als ich als sechzehnjähriger Lehrling allein in die Stadt kam: Der Hunger lehrte mich die Preise; der Gedanke an frischgebackenes Brot machte mich ganz dumm im Kopf und ich streifte oft abends stundenlang durch die Stadt und dachte nichts anderes als Brot. Meine Augen brannten, meine Knie waren schwach und ich spürte, daß etwas wölfisches in mir war. Brot. Ich war Brot-süchtig wie man Morphium-süchtig ist. Ich hatte Angst vor mir selbst und immer dachte ich an den Mann, der einmal im Lehrlingsheim einen Lichtbilder-Vortrag über eine Nordpol-Expedition gehalten hatte, daß sie frischgefangene Fische lebend zerrissen und roh verschlungen hätten. Noch jetzt oft überkommt mich die wölfische Angst jener Tage und ich kaufe Brot, wie es frisch in den Fenstern der Bäckereien liegt. Ich kaufe viel zu viele, die ich dann später meiner Wirtin in die Küche lege, weil ich nicht den 4. Teil des gekauften Brotes essen kann und mich der Gedanke, das Brot könne verderben, mit Angst erfüllt".

Hier stoßen wir auf die irrationalen Wurzeln der nachfolgenden Freßwelle: der Hunger wirkte ganz einfach traumatisierend auf die Zeitgenossen. Sie folgten jenem Schwur, den die junge Scarlett im großen Roman des amerikanischen Sezessionskrieges "Vom Winde verweht" leistet, als sie die ersten eßbaren Früchte nach Verwüstung und Plünderung wiederfindet: "Ich will nie wieder hungern". Wer kennt nicht heute noch im Verwandten- und Bekanntenkreis die Tante oder Nachbarin, die Großeltern, die auch in einer Zeit des Überflusses den Kühlschrank immer voll oder zumindest ein Pfund Mehl oder Zucker im Haus haben müssen? Fehlt ihnen dies, werden sie nervös wie ein Raucher, dem die Zigaretten ausgegangen sind.

Für den Bundesbürger tritt um die Wende zu den 50er Jahren eine entscheidende Veränderung ein. Das vor Gründung der Bundesrepublik in Stuttgart bestehende Zwei-Zonen-Amt für Ernährung und Landwirtschaft - im Volksmund "Stuttgarter

Dunkelkammer" oder "Rat des Schweigens" genannt - verliert seine Bedeutung für den Verbraucher; zum 1. März 1950 wird die Lebensmittelrationierung endgültig aufgehoben, nachdem sie schon seit Juni 1948 im Vergleich zur Bezahlung in neuer DM-Währung immer weniger bedeutsam geworden war. So wie die deutschen Kühe bereits kurz nach der Währungsreform gegen gute DM offensichtlich mehr Milch gegeben hatten und die Ablieferungen sprunghaft gestiegen waren, machen sich Anfang der 50er Jahre schon erste Zeichen einer partiellen Überproduktion bemerkbar. "Überfluß - ihr müßt mehr essen", fordert 'Der Spiegel' im Sommer 1950 provokativ seine Leser auf und berichtet über Absatzprobleme und Überschüsse in den Vereinigten Staaten. "Auch die hungrigsten Mäuler", so wird übertreibend geklagt, "können nicht mehr gegen die ständig wachsenden Vorräte in den amerikanischen Speisekammern anessen". Ähnliche Probleme zeigten sich bald im Inland. Es ist kaum bekannt, daß schon 1950 allgäuer Käsefabriken wegen Überfüllung der Lager Kurzarbeit einführen mußten. Die Erzeugung stieg in vielen Sparten des Nahrungsmittelsektors stärker und schneller als die Nachfrage.

Die ausgehungerten Deutschen begannen zunächst einmal zu essen. Dieses Essen war ein quantitatives Problem der Nahrungsaufnahme. Verharrend in überkommenen, traditionellen Eßgewohnheiten, konnte man sich endlich wieder an all jenen Gütern sattessen, die man noch aus der Vorkriegszeit kannte, von denen man jahrelang mit knurrendem Magen geträumt hatte. Essen wird geradezu zum Statussymbol und mit ihm seine Konsequenz, die starke Figur. Der Dicke gilt in den 50er Jahren nicht als bedauernswertes Opfer einer ungezügelten Leidenschaft, sondern als Mann, der sich auch nach außen hin sichtbar etwas leisten kann.

Und Ludwig Erhardt verkörpert im wahrsten Sinn des Wortes mit seiner Figur den frisch errungenen wirtschaftlichen Wohlstand der jungen Bundesrepublik. Fotografien aus jenen Jahren zeigen nur allzu deutlich die Freude am wiedergewonnenen Eßkonsum, die vom Bundesministerium für Landwirtschaft und Ernährung zwischen 1953 und 1959, damals geleitet vom späteren Bundespräsidenten Heinrich Lübke, nur allzu gerne aufgegriffen wird, um den Absatz heimischer landwirtschaftlicher Produkte zu fördern. Da nimmt Heinrich Lübke 1957 seine Aufgabe wörtlich und füttert bei der Eröffnung der Berliner Grünen Woche ein junges Mädchen mit Obst; da trinken er und der Berliner Bürgermeister Otto Suhr gemeinsam öffentlich Milch, um für dieses Produkt zu werben, und schließlich werden dem Bundeskanzler zum 75. Geburtstag noch in großen Mengen Milch, Butter und Käse überreicht. Selbst bei den Bundestagswahlen 1957 soll, wie ein Plakat verkündet, mit dem

Einkaufsnetz abgestimmt werden. Es heißt dort: "Das Einkaufsnetz bestätigt es: uns allen geht es besser. Schauen Sie sich nur das nächste Schaufenster an. Sie sehen selbst: es geht uns viel, viel besser. Ihr Einkaufsnetz bestätigt es".

Daß dieser Hinweis auf den "Wohlstand für alle" keine Übertreibung war, läßt sich mit wenigen Zahlen leicht belegen.

Jahresverbrauch ausgewählter Nahrungs- und Genußmittel je Kopf der Bevölkerung in kg

	1950	1960	1970
Rindfleisch o. Fett	11,3	17,3	21,8
Schweinefleisch o.Fett	19,2	29,6	40,2
Geflügel	1,6	4,4	8,5
Butter	6,3	8,5	8,2
Zucker	27,4	29,1	33,8
Eier	7,4	13,1	16,1
Frischobst	40,3	81,4	91,7
Südfrüchte	7,7	21,9	21,2
Kartoffeln	184,0	132,0	100,0
Zigaretten(Stck.)	498	1619	2529
Kaffee (kg)	0,6	2,9	4,0
Tee (g)	50	114	145
Bier (l)	37,3	120,0	184,0
Wein (l)	8,2		13,6
Schaumwein (l)	0,11	1,18	2,4

Freilich darf man im Bundesbürger jener Jahre keinen Feinschmecker, sondern allenfalls einen Vielfraß sehen. Gewiß, der Kartoffelverbrauch ging zurück, doch nicht die Verfeinerung des Genusses war allgemein akzeptiertes Ziel der Verbraucher, als vielmehr der Verzehr möglichst großer Mengen sättigender Speisen. Konsumiert wurden in erster Linie fettes Fleisch, Suppen und viele jener alten, kalorienreichen Gerichte, wie sie die deutsche Vorkriegsküche kannte. Viel zu essen galt eben nach Hungerödemen und Krankheiten als gesund, auch wenn die Kost noch so einfach und abwechslungslos war.

Allerdings muß zur Verteidigung der damaligen Hausfrau auch gesehen werden, daß die meisten Lebensmittel im Verhältnis zum Einkommen nicht gerade preiswert waren. Trotz aller Freude und Genugtuung über das Sattessen, gefördert durch eine auf vermehrten Konsum ausgerichtete Nahrungsmittelwerbung, standen diesem Genuß vielfach finanzielle Schranken entgegen. Ein Pfund Röstkaffee kostete um 1950 nicht weniger als 14,35 DM, ein Kilo Butter 5,39 DM, während der vierköpfige Haushalt nur im Durchschnitt über ganze 350 DM an Monatseinkommen verfügte. Bedenkt man außerdem, daß zum Ausgleich der kriegsbedingten Verluste an Hausrat und Wohnqualität für größere Anschaffungen gespart werden mußte, so wird man für den eintönigen Speiseplan der frühen 50er Jahre gewiß mehr Verständnis aufbringen. Nach dem als quantitatives Problem anzusehenden Sattessen galt es in nächsten Schritten für Wohnung, Hausrat und Kleidung zu sorgen, wo ebenfalls erheblicher Nachholbedarf bestand.

Die folgende Übersicht läßt erkennen, wie im Laufe der Jahre der prozentuale, für Lebens- und Genußmittel ausgegebene Anteil des privaten Verbrauchs laufend zurückgeht.

Ausgaben eines 4-Personen-Haushalts:

1950 von 290.- DM privatem Verbrauch 52,2 % für Lebens- u. Genußmittel
1960 von 607.- DM   45,3 %
1970 von 1080.- DM   35,3 %

Dies ist einmal darauf zurückzuführen, daß andere Bedürfnisse stärker in den Vordergrund treten, zum anderen sind die Lebensmittelpreise keineswegs in gleichem Ausmaß gestiegen wie die Einkommen und damit die für den privaten Verbrauch des Haushalts verfügbaren Beträge. Mußte für ein Kilo Butter 1950 noch ein Arbeitsaufwand von 4h 13min erbracht werden, so waren es 1960 nur noch 2h 19min und 1970 nur noch 1h 11min. Zusammen mit dem allgemein steigenden Lebensstandard fällt für immer größere Bevölkerungskreise die durch die Einkommenshöhe gezogene Grenze des Eßkonsums weg. Damit öffnet sich die Möglichkeit zu einer Veränderung der Eßgewohnheiten hin zu höherwertigen oder exotischen Nahrungsmitteln.

Sehen wir uns einmal ein in vielen Haushalten der 1950er Jahre ebenfalls neues Produkt, den Kühlschrank, auf seinen damaligen Inhalt hin an. Schon beim Öffnen fällt auf, daß, obgleich sonst reichlich gut bestückt, das Butterfach oft leer ist. Nicht aus gesundheitlichen, sondern aus finanziellen Gründen beschränken sich viele Familien auf Margarine. Daß sie dennoch keinen Mangel an tierischem Fett leiden, dafür sorgen fette Koteletts, Würste und ähnliche Produkte. Beim Kochen und Braten wendet sich die deutsche Hausfrau vom heimischen Schweineschmalz, begehrtem Produkt vieler Hamsterfahrten, ab und geht zum Kokosfett, Palmin und ähnlichen Produkten über, die nun wieder in ausreichender Menge zur Verfügung stehen. Für die nötige Würze sorgen Ketchup, Mixed Pickles und allerlei als Fertigprodukt angebotene scharfe und saure Saucen - für den deutschen Geschmack bis dahin etwas unbekanntes, weshalb sich auch nur besonders aufgeschlossene und modern eingestellte Hausfrauen zum Kauf entschließen können. Eine besondere Delikatesse wird die Kondensmilch. Man schüttet sie nicht nur in den Kaffee, sondern trinkt sie, vor allem unter Kindern, auch direkt aus der angestochenen Dose. Neueste Errungenschaft wird das Erfrischungsgetränk Coca Cola. Mit ihm konnte man den Inbegriff amerikanischer Lebensweise selbst genießen, auch wenn zu dieser Zeit die furchtbarsten Gerüchte über die Schädlichkeit dieses "undeutschen" Getränkes verbreitet wurden. Buttercreme- und Sahnetorten lieferten schließlich für viele den sichtbaren Beweis, daß die Not der Kriegs- und Nachkriegsjahre endgültig vorbei waren. Das unterste Fach in diesem Kühlschrank beherbergte die Südfrüchte, deren Verbrauch von praktisch 0 Kilo bis 1960 bereits auf über 22 Kilo pro Kopf und Jahr anstieg. Sie waren der besondere Stolz aller Bundesbürger und gleichzeitig ein respektables Argument gegen das Wirtschaftssystem der sowjetischen Besatzungszone, deren Lebensmittelversorgung sich wesentlich langsamer verbesserte und nicht mit der im Westen vergleichbar war.

Selbst ein, wenngleich sehr bescheidener Luxus war kein Fremdwort mehr in diesen Tagen: nachdem das Dasein der meisten Deutschen über viele Jahre hinweg vom Kampf ums Überleben bestimmt war, wußten sie nun auch die vergnüglichen Seiten des Lebens zu kultivieren. "Party" hieß das neue Zauberwort. Party-Gläser, Party-Schürzen und Party-Möbel kamen auf und in Altbaukellern und Neubauwohnungen werkelte man an mehr oder minder geschmackvollen Party-Räumen. Bei der Einweihung gab es dann die unvermeidlichen salzigen Knabbereien:

Kartoffelchips, Käsecraker, gesalzene Erdnüsse, Salzletten, Salzbrezeln und wie sie alle hießen, gehörten nicht nur unabdingbar zu jeder Party, sondern lösten vielfach auch die süßen Kuchen und Torten bei Kindergeburtstagen ab. Schließlich wurden sie mit dem Aufkommen des Fernsehens auch zu einem festen Bestandteil des abendlichen Fernsehkonsums; so fest und weit verbreitet, daß sich noch 1981 ein Wolfram Siebeck darüber mokieren konnte: "Wenn ich all das Knabber-, Schlabber- und Knusper-Zeugs kaufen würde, dann hätte ich auch kein Geld mehr für Tauben und Spargel".

Selbstverständlich ließen die gesundheitlichen Folgen dieses durch Essensquantität bestimmten Lebensstils nicht lange auf sich warten. Unter dem unheilverkünden-den Titel "Managerkrankheit, wen die Götter lieben ..." berichtete bereits im April 1954 'Der Spiegel' über die alarmierend hohe Sterblichkeit unter den führenden Männern von Politik und Wirtschaft. Herzinfarkt hieß die Todesursache, herbeige-führt durch Stress und - als Folge zu fettreicher Kost. Den Ärzten war bald aufgefallen, daß die Zahl der Übergewichtigen das Vorkriegsniveau bedeutend überschritt. Aber alle Aufforderungen, Nahrungsaufnahme und Energieverbrauch im Gleichgewicht zu halten, verhallten zunächst weitgehend ungehört. Von einem Tiefststand von unter 10 Gramm pro Kopf und Tag im Frühjahr 1948 vervielfachte sich der Verbrauch an Reinfett in der Bundesrepublik Deutschland in gut 20 Jahren und lag Ende der 60er Jahre bei nicht weniger als 140 Gramm pro Kopf und Tag. Ernährungswissenschaftler versichern, daß eine Soll-Zufuhr von etwa 70 bis 80 Gramm pro Tag als ausreichend anzusehen ist.

Diese Kalorienmengen verschlang der Bundesbürger in den Jahren nach der Stillung des großen Hungers, aber längst nicht mehr nur in Form von Kartoffeln, Wiener Schnitzel und Leberwurst. Schon der steigende Verzehr an Obst und Südfrüchten, nicht zuletzt eine Folge uneingeschränkter Importmöglichkeiten, zeigt, daß sich erste Veränderungen in Essensgewohnheiten abzeichnen.

Bestimmte Ursachen für diesen Wandel vom "Krautesser" zum wählerisch werden-den Genießer lassen sich leicht erkennen. Die Gesellschaftsreise, der pauschale Ferienaufenthalt und die Entwicklung ausgesprochener Feriengebiete an den Stränden des Mittelmeers waren zum großen Schlager der 50er und der 60er Jahre geworden. Ein Volk ging auf Reisen und vielen erschloß sich damit eine neue Welt. Der mit dieser Reisewelle einsetzende Massentourismus machte zunehmend den Bundesbürgern auch mit Spezialitäten der ausländischen Küche bekannt. Nie zuvor hatte eine so breite Bevölkerungsschicht die Chance, europäische Nachbarländer und deren kulinarische Genüsse kennenzulernen. Zur Lampe umgebaute Chianti-flaschen und andere mehr oder minder geschmackvolle Ferientrophäen zierten fortan die Wohnungen der Zurückkehrenden. Gondeln und Eselskarren auf Tapeten hielten die Erinnerungen an den zurückliegenden Urlaub wach oder machten Appetit auf den bevorstehenden. Ausgerechnet aber die Wirkungen auf die häusliche Küche blieben denkbar gering. Lediglich Pizza, Spaghetti, Artischocken, Auberginen, Melonen und südliche Rotweine fanden Einlaß in die deutschen Speisekammern. Im übrigen jedoch orientierten sich die Hausfrauen nach wie vor an den Ernährungsgepflogenheiten und Kochsitten ihrer Mütter und Großmütter, denen die Kenntnis des Auslandes meist versagt geblieben war und für die eine fettreiche und kräftigende Kost Leitbild für gesundheitliche Stärkung und Sicherung der Arbeitskraft war. Im Gegenteil, das Beharrungsvermögen der Deutschen am eigenen Speiseplan führte sogar dazu, daß sich die Feriengebiete selbst auf die deutschen Eßgewohnheiten umstellten und Rippchen mit Kraut, Wiener Schnitzel und ähnliches in den Restaurants deutscher Urlaubsziele bald eher anzutreffen waren als die einheimischen Gerichte des Landes.

Neue Akzente wurden zu Beginn der 60er Jahre durch die Gastarbeiterwelle gesetzt, die nunmehr die Gastronomie erfaßt. Zwar gab es schon in den 20er und dann gelegentlich in den 50er Jahren derartige Gaststätten, doch blieben sie eine exotische Ausnahmeerscheinung. Erst mit der Öffnung der Grenzen und dem Zustrom der Gastarbeiter sollte sich dies nachhaltig ändern. In Berlin zum Beispiel bieten bald mehr als 50 % der Gaststätten ausländische Küche an und auch in anderen deutschen Städten ist der Anteil ausländischer Lokale beachtlich hoch. Ihre Hauptkundschaft ist vorwiegend deutscher Nationalität, die über den Geschmack exotischer Speisen und fremder Lokalatmosphäre ihre Sehnsüchte nach Freiheit und Anderssein belebt.

Doch so ganz anders waren die Kochkünste bei Italienern, Jugoslawen, Chinesen, Griechen und anderen bald nicht mehr. Ein entscheidender Schritt zum Erfolg dieser Gaststätten war nicht die Bewahrung ihrer Eigenart, sondern die Anpassung an den deutschen Geschmack - eine Entwicklung, bei der vom "Fremden" oftmals nur noch ein Aroma übrig blieb. Bereitet etwa ein italienischer Wirt die Pasta Asciutta jeweils frisch "al dente" zu, so ist ihm die Klage bald sicher, man müsse zu lange warten und obendrein seien die Nudeln "hart". Der erste Schritt zur Häresie ist bald getan: die Pasta wird nun morgens für den ganzen Tag gekocht. Klagen über den "komischen" Geschmack des Olivenöls rechtfertigt dann die Verwendung von billigerem Pflanzenöl. Beschaffungsschwierigkeiten frischer Zutaten führen zu weiteren Abweichungen: anstelle des italienischen Originals findet man auf der Pizza und in der Pasta la Forno das jeweilige Sonderangebot an Schmelzkäse aus dem nächsten Supermarkt. Im Extremfall bleiben dann an Italienischem nur noch die Musik und die Namen auf der Speisekarte. Bei italienischen Restaurants, die schon über Eisdielen und Cafés die längste Erfahrung mit den Deutschen hatten, vollzog sich dieser Anpassungsprozeß wohl am stärksten; die "exotischeren" Griechen konnten eher die eigene Küche behalten, Chinesen und andere galten ohnehin als "fremd".

Eine wenngleich geringe Änderung deutscher Eßgewohnheiten wurde dennoch bewirkt. Statt der üblichen, auf ein Fleischgericht ausgerichteten Gedecke, dem obligatorischen Kotelett, Schnitzel, dem Sauerbraten oder der Bratwurst boten nun bald auch deutsche Restaurants, ja sogar Kantinen und andere Plätze der Massenabfertigung zumindest sporadisch Spaghetti Milanese, Canneloni oder Chevapchichi an. Eine stärkere Internationalisierung der Speisekarten war unvermeidlich. Andererseits konnte nicht ausbleiben, daß die dabei gelegentlich auftretenden Mißerfolge das Pendel auch wieder in die umgekehrte Richtung zurückschwingen ließen und Lokale mit einer "deutschen" oder "gutbürgerlichen" Küche, mit Schlachtplatten und ähnlichen heimischen Sonderangeboten mehr in den letzten Jahren zunehmend eine Renaissance erfahren durften. Tatsache ist, daß in vielen Orten Restaurants mit einer Speisekarte, die altgewohnten deutschen Verzehrgewohnheiten entspricht und mit der sich manche Hausfrau identifizieren kann, nur schwer zu finden sind und als Minderheit dann über einen guten Besuch nicht zu klagen brauchen.

An dieser Stelle wird es Zeit, von der häuslichen oder doch eher gediegenen Eßkultur besserer Restaurants einmal hinabzusteigen in die Niederungen der Zwischenmahlzeiten. Auch hier finden Veränderungen statt. Schnellimbisse, oder wie es nun heißt "Fast Food Restaurants", waren für die Deutschen im Prinzip nichts ungewöhnliches; man denke nur an die Berliner Frühstücksstuben, die - oft in Hinterhöfen gelegen - ihren Gästen jene Gerichte boten, ohne die der Berliner nicht leben konnte oder wollte, und die er grundsätzlich in Gaststätten erwartete: Buletten, Soleier, Bratheringe und Hackepeter. Nimmt man noch den Rollmops oder das kalte Schweinskotelett hinzu, dann haben wir den kulinarischen Reiz einer solchen Altberliner Boutique zusammen. Diese typische "Kleineleuteküche", die es in ähnlicher Form in vielen Großstädten gegeben hat und zu der wir noch verschiedene Suppen und Würstchen hinzurechnen können, unterliegt in den 60er Jahren in besonderem Maße der Internationalisierung; zum einen, weil viele ausländische Mitbürger solche Schnellimbisse eröffnen, zum anderen, weil das amerikanische Vorbild der großen Imbissketten (Kentucky Fried Chicken; Mc Donald's) importiert und imitiert wird. Hot Dogs, Hamburger, Gyros, Schaschlik, Chinesische Frühlingsrollen, Bambusscheiben und ähnliches mehr sind nun auch in Deutschland buchstäblich an jeder Ecke zu haben. Die Miniaturportionen und die Möglichkeit, sie nach Belieben zu kombinieren (z.B. eine Wurst plus Ketchup plus Mayonaise plus Pommes Frites plus Brötchen plus Zwiebelringe plus Getränk) erwecken den Eindruck einer leichten Regelbarkeit des sich Ernährens. In Wirklichkeit verzehrt man aber dabei regelrechte Kalorienbomben. Gegen Ende der 70er Jahre wächst diese Erkenntnis und es bilden sich "Gegenimbisse": Salatbars, Obst- und Fruchtsaftstände bieten ein alternatives Angebot. Selbst ein Feinschmeckersnack hat sich etabliert, der Rehrücken und Kartoffelkroketten über die Theke reicht, wenn auch zum Preis von etwa zehn Currywürsten.

Allen diesen Imbißstuben gemeinsam sind Geschwindigkeit in der Abfertigung, Sparsamkeit in der Ausstattung, Auflösung der Speisenordnung und der klassischen Tischgemeinschaft. Kommunikationslosigkeit beherrscht die Szene; Bestellvorgänge werden auf Formeln reduziert, wie:

Einmal Pommes mit Mayo!

Einsfünfzig!

Im Extremfall ausgedehnt auf:

Mitnehmen oder hier essen?

Mitnehmen!

Was - so fragt man sich verwundert - mag eigentlich den unwiderstehlichen Reiz dieser Form der Nahrungsaufnahme ausmachen? Möglich ist, daß hier eine Art Protesthaltung gegenüber den Normen hergebrachter Eßkultur ihren Ausdruck findet. Jedenfalls könnte man eine Vorort-Reportage der FAZ vom 30. August 1979 so deuten, in der der Autor über seine Erlebnisse sinniert: "An den Bierfässern verzehrt jeder still und ernst, was er bestellt hat. Der eine zusselt seine Weißwurst, der andere ißt Fleischkäse mit Messer und Gabel. Auf überflüssige Reden kann man dabei gut verzichten. Eine besinnliche Schweigsamkeit, nicht zu verwechseln mit einer verbissenen, zeichnet überhaupt jeden guten Imbißstand aus. Geistreiche Gespräche und Stammtisch-Geprabbel sind unangebracht. Man versteht sich untereinander. Den Höhepunkt der Imbiß-Bekanntschaften habe ich an einem dieser Münchner Bierfässer erlebt. Wir standen da, Fremde, und sprachen kein Wort miteinander. Nachdem er sein Bier ausgetrunken und sich den Mund mit dem Handrücken abgewischt hatte, wandte er sich zum Gehen, drehte sich nochmal um und sagte: "Mach's gut". Man kann den Mangel an Kommunikationsmöglichkeiten also durchaus als Freiheit vom Kommunikationszwang auslegen und kommt auf diese Weise dem Geheimnis, warum der Schnellimbiß bei manchen Zeitgenossen so beliebt ist, möglicherweise ein Stück näher.

In den frühen 60er Jahren hielt der Würstchenstand dann auch in den deutschen Kaufhäusern Einzug. Zunächst noch am Ausgang postiert, führte der Weg bald zum - mittlerweile aufgerüsteten - Snack-Restaurant im Obergeschoß, vorbei an einem Großteil des Warenangebots. Dem Kaufhaus bekam es gut, erhielt es doch auf diese Weise einen Anklang häuslicher Atmosphäre und konnte, unterstützt von zumeist mäßiger Küche, die unterschiedlichsten Arten von Sinnenreizen zusammenfügen und kumulieren. Waren- und Speisenangebote wirkten fortan gegenseitig verstärkend als Appetitmacher, ganz besonders für jene Kunden, deren knapp bemessene Mittagspause auch dem Einkauf diente. Schließlich bot das kulinarische Angebot im Kaufhaus auch eine sinnlich faßbare Entschädigung für die Abstraktheit der zur Schau ausliegenden Ware, von der man sich doch nur einen winzigen Teil aneignen konnte: der Snack als Seelentröster für begrenzte Konsummöglichkeiten.

Die Zwischenmahlzeiten, die Angebote zum schnellen Essen, haben sich seitdem unaufhaltsam in unseren Städten ausgebreitet. Besonders im Dickicht der Bürohochhäuser und Ladenstraßen der Innenstädte oder in den auf Tradition renovierten und dekorierten Altstadtkernen beherrschen sie das Bild. Nicht selten vermitteln sie den Eindruck, als müsse man sich durch ihr Weichbild erst hindurchfuttern: neben zahlreichen Restaurants wimmelt es hier von Fast Food Lokalen aller Art, Brezelständen, Caféstuben, Pizzerien mit Straßenverkauf und Metzgerei-Imbissen. Die Orte des "Zwischendurch" sind, früher noch als an ihren Werbeaushängen, von weitem schon an ihrem Duft zu erkennen, einer fettigen Geruchswolke, die über der Umgebung liegt und am Passanten haften bleibt. So wie ihn der Klang von Straßenmusikanten begleitet, durchschreitet er auch die unterschiedlichsten Düfte von Gegrilltem und Gebratenem. Über mangelnden Zuspruch brauchen alle diese Stationen der Nahrungsaufnahme nicht zu klagen.

Der Siegeszug dieser, mit den traditionellen Vorstellungen von Küche und Speise kaum in Einklang zu bringenden Ernährungsweise hängt unter anderem mit einem veränderten Arbeitsrhythmus zusammen. Noch unmittelbar nach dem Krieg war der achtstündige Arbeitstag meist durch eine ein- oder gar zweistündige Mittagspause aufgespalten, die entweder die Rückkehr nach Hause oder den geruhsamen Verzehr der im "Henkelmann" mitgebrachten Mahlzeit ermöglichte. Der Wunsch nach einem längeren und früheren Feierabend ließ dann die Mittagspause schrumpfen. Als Alternative entwickelte sich verstärkt das Kantinenessen als betriebsinterne Massenabfertigung, angepaßt an die Zeit der Arbeitsunterbrechung. Nun gibt es zweifellos nach Jahren der Erfahrung und des Lernens heute vorzügliche Kantinen, die ein vollwertiges Mittagsmenü bieten. Trotzdem lassen sich individuelle Wünsche nur selten verwirklichen - der Ausweg führt zu den Imbißständen, die, ihre Chance erkennend, sich rasch vor den Büro- und Werkstoren etabliert haben. Vielfach gibt man sich mit dieser "Zwischendurch-Mahlzeit" zufrieden, weil das große Essen der berufstätigen Familie auf den Abend verschoben wurde. Auch wenn medizinisch vieles gegen die Hauptmahlzeit vor dem Schlafengehen spricht, hat unsere Arbeits- und Tageseinteilung sie in vielen Familien zur Regel werden lassen. Die lange Frist zwischen Morgen und Abend aber bietet einen völlig neuen Markt, der von der Currywurst bis zum Schokoriegel durch ein breites Angebot beliefert wird.

Aber, so scheint es, Fast Food ist auch zunehmend in den häuslichen Bereich eingezogen. Die Gewöhnung an vorfabrizierte Mahlzeiten und Tiefkühlkost, die Lösung von festen Essenszeiten, haben zur Veränderung in diesem Bereich ebenso beigetragen, wie die wachsende Bedeutung von Einladungen, Treffen im Bekanntenkreis oder unterschiedliche Schul- und Arbeitszeiten der Familienmitglieder. Steigende Mobilität und verändertes Freizeitverhalten führen dazu, daß beim Einzelnen die Bindung an den gemeinsamen Mittags- oder Abendtisch verloren gegangen ist. Nur selten noch versammelt sich die Familie vollzählig und mit der nötigen Muße um einen liebevoll gedeckten Tisch, um gemeinsam ein Essen einzunehmen. Der moderne Haushalt unserer Tage lebt auch im Hinblick auf das Essen und die Essenszubereitung nach anderen Regeln als dies noch vor wenigen Jahrzehnten der Fall war.

Die Emanzipation der berufstätigen Frau von der Küche wird bei weitem nicht durch die Zunahme der männlichen Hobbyköche ersetzt. Hier bleibt nur der Rückgriff auf vorgefertigte Nahrung, während das Kochen mit Liebe, d.h. die individuelle Gestaltung und Abwechslung nur einzelnen Tagen vorbehalten bleibt, soweit man nicht überhaupt vorzieht, diese Arbeit durch einen Restaurantsbesuch, durch das Essen außer Haus zu umgehen. Niemals in früherer Zeit war es für so breite Bevölkerungsschichten finanziell möglich, auf die eigene Zubereitung der Speisen zu verzichten und sich doch regelmäßig oder in größeren Abständen den Besuch eines Restaurants zu gönnen. Die wachsende Auswahl, der hier sich anbietenden Möglichkeiten, zumal der Spezialitätenrestaurants, die überhaupt nicht auf ein wechselndes Stammgericht für den täglich wiederkehrenden Gast eingerichtet sind, sondern bewußt auf diese besonderen, aber durchaus nicht außergewöhnlichen Lokalbesuche derjenigen rechnen, die eigentlich auch zuhause kochen könnten, zeigt, welche Bedeutung heute das Essen außerhalb der eigenen Küche gewonnen hat.

Völlig offen bleibt dabei die Frage, inwieweit Hausfrauen - und solche, die es gerne sein möchten - bei den Versuchen, außer Haus erlebte kulinarische Genüsse in der eigenen Küche nachzuvollziehen, scheitern und gerade diese Erfahrung den nächsten Restaurantsbesuch mitbestimmt. Sicher ist auch nie zuvor ein so reichhaltiges Angebot auf dem Markt gewesen, das praktisch alle kulinarischen Chancen zu realisieren erlaubt. Man muß dazu weder Feinkost- noch Spezialitätengeschäfte aufsuchen: alle Zutaten zur indischen Reistafel wie zur Raffinesse französischer Kochkunst finden sich heute in jedem besseren Kaufhaus oder Supermarkt. Allein diesem umfassenden Angebot entspricht nicht mehr so ganz die Fertigkeit und praktische Erfahrung mancher Hausfrau, die diesen Beruf nur noch im Nebenfach ausübt. Was unsere Großmütter an Kochkenntnissen und Einfallsreichtum beherrschten, vielfach aus der Not und bitteren Erfahrungen geboren, fehlt oft jenen, an den bequemen, schnellen Griff zur Dose gewöhnten Hausfrauen unserer Tage. Was hätten jene, hätten sich ihnen vergleichbare Chancen geboten, aus Frischgemüse zu jeder Jahreszeit, aus wohlsortiertem, unterschiedlichem Obst, aus einem Fleischangebot der unbegrenzten Möglichkeiten an Kostbarkeiten gezaubert! Heute dagegen interessiert vielmehr die Zeitdauer der Zubereitung, der Arbeitsanfall - wohlgemerkt, es geht nicht darum, eine Hausfrauen-Schelte vorzubringen, sondern hier soll nur der allgemeine Wertewandel deutlich gemacht werden. Es läßt sich mit Beruf, mit Repräsentation oder bei Einladungen oder Gesellschaften, mit anderen Verpflichtungen der Familie eben kaum vereinbaren, der Speisenzubereitung eine Zeitspanne zuzuwenden, die in früheren Jahrzehnten üblich und - bei weitgehendem Verzicht auf technische Hilfsmittel - auch notwendig war.

Gleichzeitig ist dies auch ein Kompliment an die Lebensmitteltechnologie im weitesten Sinne, an die Verfahren, Lebensmittel aufzubereiten und haltbar zu machen, an die Ernährungsindustrie, die es verstanden hat, Lebensmittel anzubieten, die in dieser Form offenbar doch weitgehend die menschlichen Bedürfnisse zufriedenstellen, so daß sie akzeptiert und genützt werden. Es wäre schiere Unvernunft, von einer Hausfrau wieder jenen Aufwand zu erwarten, der vor fünfzig Jahren in der Küche noch getrieben werden mußte. Bei aller Achtung und Liebe für das Selbst- und Handgemachte ginge es zu weit, gerade den Bereich der Nahrungszubereitung vom technischen Fortschritt ausschließen zu wollen. Allerdings, für den bewußten und geschmacklich anspruchsvollen Esser sind Grenzen gesetzt: will man überhaupt noch von Eßkultur reden, so besteht schon eine Berechtigung, an den ureigensten Bedarf des Menschen nach Nahrung bestimmte Ansprüche zu stellen. Diese werden sich kaum jemals normen lassen, sie sind wahrscheinlich im Gegenteil höchst individuell. Wer mit dem Verzehr eines Hamburgers, der ja zweifellos die zur Existenzsicherung nötige Kalorienmenge enthält, seine Vorstellungen erfüllt sieht, kann nicht mit einem Anhänger jener Eßkultur verglichen werden, wie sie in einer wachsenden Zahl von Gourmet-Zeitschriften und Kochbüchern beschrieben wird. Wachsende Beliebtheit dieses Themas in der Publizistik ist gewiß auch darauf zurückzuführen, daß sich viele mit dieser bildhaften Selbsttäuschung zufrieden geben müssen: die wachsende Zahl von Ein- und Zweipersonenhaushalten, von Berufstätigen und Rentnern, läßt "große Küche" kaum noch zu; Tiefkühl- und Fertiggerichte bleiben die oft einzige Möglichkeit, noch selbst in diesem Bereich tätig zu werden.

Neben der gewiß oft wenig erfreulichen Fast Food Eßkultur und dem gelegentlich deutlich erkennbaren Rückgang einer aufwendigen Essenszubereitung am heimischen Herd, bietet auch der Bereich der gehobenen Eßkultur im Bereich der Gaststätten und Restaurants nicht immer Anlaß zur Freude. In den 60er und 70er Jahren setzte sich endgültig ein Trend durch, der bereits in den Großstädten schon lange vor dem Zweiten Weltkrieg begonnen hatte. Die internationale "gehobene" Küche beherrscht mehr und mehr die kulinarische Szene: Schildkröten- oder Ochsenschwanzsuppe, Kalbsteak mit Champignons, Rumpsteak mit Kräuterbutter, Rindsroulade, Forelle Müllerin, Lachssteak, zum Nachtisch Eis, Kompott oder Obstsalat - meist aus der Dose - sind die Gerichte, ohne die die meisten Speisekarten wahrscheinlich unbedrucktes Papier bleiben würden. Es entsteht jene Auswechselbarkeit, die zwar garantiert, daß man in verschiedenen Ländern unter dem gleichen Namen stets das gleiche auf dem Teller finden kann, die aber auch dazu führt, daß bald ein Gericht, wie es auch heißen mag, dem anderen gleicht: einmal wechselt die Sauce und das Fleisch bleibt das gleiche, ein anderes Mal wechselt das Fleisch und die Sauce bleibt dem Esser verbunden. Die obligate Kartoffelbeilage oder der gemischte Salat wartet meist wenig erfreulich aussehend, am Tellerrand. Der werbewirksame Hinweis auf die "internationale Küche" wurde in den 60er und 70er Jahren von immer mehr Lokalen benutzt, um damit zu dokumentieren, daß man höchsten und unterschiedlichsten Ansprüchen gerecht werden könne, gewissermaßen also eine höherwertige, nicht provinzielle Leistung erbringe und sich damit von dem gutbürgerlichen Haus ebenso abhebe wie von dem, was die Hausfrau in der Küche normalerweise zuzubereiten in der Lage sei. Häufig war der Ausflug in die Internationalität allerdings nur der Versuch, dem eigenen Einfallsreichtum zu entgehen. "Internationale Küche" wurde zum Kennzeichen eines relativ homogenen, gleichförmigen Speisezettels, ohne Experimente oder überraschende Abwechslung.

Als Gegenstück, aber keineswegs Gegenteil, dieses Ausflugs in die internationale Küche bildete sich seit Ende der 60er Jahre im Kampf um den verzehrwilligen Kunden eine neue "Regionalwelle" heraus: das "Münchner Lokal", der "Alt-Berliner Biersalon", das "Nürnberger Bratwurst-Stübchen" und ähnliche, bekannte deutsche Namen wieder aufgreifende Gaststätten, lösten das Resopaldekor und den Hawai-Look der 50er Jahre in den Restaurants radikal ab. In Restaurants der gehobenen Klasse fand man nun auch wieder den Dithmarscher Mehlbeutel, die Rote Grütze mit Sahne, die handgeschabten Spätzle und ähnliche Produkte der regionalen Küche. Neben Leber- und Blutwurst auf Gutsherrenart fehlte auch nicht die bäuerliche Variante des selben Produktes auf rustikalen, mit rotem und blauem Karostoff gedeckten Tischen. Ein nicht unerheblicher Reiz dieser Art zu speisen liegt sicher darin, daß dem Konsumenten hier ganz im Zuge der Nostalgiewelle ein Gegenstück zu jener Welt geboten wird, aus der er kommt und die ihn täglich umgibt. Regionale Küchen vermitteln Einfachheit, Urwüchsigkeit und Natürlichkeit, also genau das Gegenteil dessen, was die Großstadt sonst zu bieten hat. Beim Verzehr spielt dann weniger eine Rolle, um welche Region es sich handelt, deren typische Speisen man gerade verzehrt; viel wichtiger ist, daß es sich überhaupt um Regionales handelt, d.h. um seit alters her hier verzehrtes, nach langer Probezeit sicher ein "bekömmliches", urwüchsig gutes Essen. Wieviel dabei hinzuerfunden wurde, bleibt das Geheimnis der Gastronomie.

Ist gerade geographisch keine brauchbare Region zur Hand, deren Essen man anbieten könnte, dann geht man gerne in die Geschichte. Nachempfundene mittelalterliche Rittermähler oder altpreußische Festessen wie zu Kaisers Zeiten vermögen schließlich das gleiche zu leisten; sie vermitteln den Eindruck eines besonderen kulinarischen Genusses, der, wie man sich entschuldigend sagen kann, doch weniger problembelastet ist als der Verzehr von Froschschenkeln und auch sonst gut und ungefährlich sein muß, da er schon im Mittelalter so in Gebrauch war. Daß das, was hier an ländlichen, rustikalen oder bäuerlichen Speisen geboten wird, meist Dinge sind, die die bäuerliche Bevölkerung früherer Jahrhunderte niemals zu Gesicht bekam, wird großzügig übersehen.

Der Erfolg einer auf diese Weise eingeleiteten Rückkehr zur vermeintlichen Natürlichkeit wurde getragen durch ein, wenn auch oft nur unterschwellig vorhandenes Bewußtsein, daß der Weg vom Vielfraß der 50er Jahre zum Gourmet der 60er und 70er Jahre keineswegs die von medizinischen Warnern geforderte Enthaltsamkeit gebracht hatte. Allerdings trieb die natürliche und rustikale Küche den Teufel mit dem Belzebub aus. Sie war zwangsläufig von schweren und fetten Nahrungsmitteln geprägt, die unsere durch körperliche Arbeit schwer belasteten Vorfahren auch notwendig hatten. Die Gedankenkette rustikal = natürlich = gesund übersieht, daß dieses kalorienreiche, für ländliche Schwerarbeiter gedachte Essen den Büromenschen unserer Tage keineswegs zum Wohle gereicht. Das Nachempfinden des einfachen Landlebens durch ein an Völlerei grenzendes Hochzeits- oder Rittermahl erweist sich in unserer Zeit wahrlich nicht als geeigneter Weg zu einer gesünderen Ernährung.

Die von Zweifeln und Gewissensbissen geplagten Genießer mußten daher einer aufkommenden Gesundheitswelle mit Biokost und Salatbuffet geradezu dankbar sein für diese neuen, alternativen Methoden der Nahrungsgestaltung. Schon bevor es soweit kam, setzte der Verzicht auf die Verwendung cholesterinbildender Fette, die Zunahme von Rohkosternährung und letztlich auch der Trend der Nouvelle Cuisine auf das wachsende Gesundheitsbewußtsein der Verbraucher. Inwieweit sich daraus eine künftige Entwicklung abzuleiten vermag, muß hier offenbleiben. Die Erfahrung der Vergangenheit stimmt eher pessimistisch: Verhaltensweisen - und auch die Eß- und Trinkgewohnheiten gehören dazu - lassen sich durch Aufklärung, Beratung und Wissen verändern. Der Siegeszug bestimmter Nahrungsmittel in den letzten Jahrzehnten - man denke z.B. an den Joghurt oder an die Südfrüchte - mag als Beweis für die Einsichtsfähigkeit der Konsumenten angesehen werden und schlägt auf der Erfolgsseite all jener zu Buche, die sich seit vielen Jahren gegen das falsche Ernährungsverhalten breiter Bevölkerungskreise wenden. Andererseits gilt es zu beachten, daß die Masse der Bevölkerung heute wie nie zuvor in der Geschichte uneingeschränkten Zugang zu fast allen Möglichkeiten der Nahrungsmittelversorgung hat und es ihr freisteht, auf welche Weise sie sich ihren Eß- und Trinkgenuß bereiten will.

Die Tatsache, daß Essen und Trinken in der Tat als Genuß empfunden werden kann, daß die Freude am Genuß nur allzu oft vernunftbegründete Bedenken hinwegwischt, wird immer allen Versuchen entgegenstehen, allein die Vernunft zum Ratgeber bei der Nahrungsmittelversorgung zu machen. Der allgemeine Zugang zum Nahrungsmittelreservoir hat gleichzeitig dazu beigetragen, daß Essen und Trinken in ihrer Qualität und Quantität heute weit weniger Stautssymbole sind als in früherer Zeit. Wer was ißt und wieviel erregt vielleicht noch ein Kopfschütteln, eine spöttische Bemerkung, aber kaum noch Neidgefühl. Gerade weil dies so ist, könnten auch die Chancen der Aufklärung und Information über das richtige Essen, d.h. das unserer heutigen Arbeits- und Lebensweise gesundheitlich entsprechende Essen, größere Erfolgsaussichten haben.

Noch ein weiteres sollte bedacht werden: die Eßgewohnheiten der Nachkriegsjahre wurden weitgehend bestimmt von einer Generation, die die Not- und Hungerjahre zweier Weltkriege, eine Wirtschaftskrise, den Verzicht auf ausländische Nahrungsmittelimporte erlebt und erlitten hatte. Ob eine neue, im Zeitalter des Überflusses heranwachsende Generation, diese Gewohnheiten übernimmt und fortsetzt oder neue entwickelt, wird die Zukunft zeigen. Der Wohlstand der Nachkriegsjahrzehnte hat zu einer weitgehenden Demokratisierung von Nahrungsmitteln geführt, die früher nur dem Luxuskonsum vorbehalten waren. Damit ist nicht gesagt, daß auch alle Verbraucher damit zurecht gekommen sind, daß sich die Eßgewohnheiten überall und grundlegend geändert haben, daß Großmutters Küche, eingebunden in vielerlei Beschränkungen, völlig verschwunden wäre. Es wäre auch schade darum. Denn bei allem Wandel der Eßkultur, ihr besonderer Reiz liegt in der Vielfalt und ständigen Ergänzung, in der individuellen Rückgriffs- und Gestaltungsfreiheit, kurz in all den Chancen, wie sie uns der Wohlstand von heute in so überreichlichem Maß beschert.

Mögen wir nie mehr gezwungen sein, jene Regeln zu befolgen, die in einem kürzlich beschriebenen Überlebenstraining aufgestellt wurden, wie man sich aus mehreren Wurzeln eines ungiftigen Farns und dem Wasser einer klaren Pfütze einen Nahrungsbrei bereitet. Mögen wir nie mehr jenen Kampf mit der Natur ums nackte Überleben kämpfen müssen, so wie dies die unmittelbare Nachkriegszeit gefordert hat. Mögen wir dafür aber auch dankbar und mit Bewußtsein jene Nahrung genießen, die uns heute im Gegensatz zu vielen anderen zur Verfügung steht.

Die große deutsche Küche.
Formen des Eßverhaltens seit den siebziger Jahren.

Karl Möckl

Gutes Essen und Trinken gilt landläufig oft noch als eine Frage des Luxus, den sich nur Reiche leisten können. Aber Luxus kann vieles sein. Es kommt auf den Maßstab an. Wenn Geschmack eine Tugend ist und Kochkunst raffinierte Einfachheit der Gerichte nicht ausschließt, dann ist das Gute auch das Gesunde. Der kulinarische Aufbruch in Deutschland seit den siebziger Jahren hat seine Wurzeln und ist eingebettet in europäische Verbindungslinien. Es empfiehlt sich, zunächst einen Blick auf die Grundlagen zu werfen.

I.

"Niemand ist in seinen Berechnungen so genau wie die Wilden, die Bauern und die Provinzler; wenn sie vom Gedanken zur Wirklichkeit kommen, ist daher alles schon fertig", schrieb Honoré de Balzac. Das grenzenlose Mißtrauen gegenüber der Theorie, das in der Genauigkeit der Berechnung zum Ausdruck kommt, läßt so den genialen Einfall, die kreative Idee Wirklichkeit werden. Der Künstler am Herd, auch der Interpret, der Komponist geben dem Genuß des flüchtigen Augenblicks Ausdruck. Es vollzieht sich der Übergang von der Nahrungsaufnahme zum Speisen, von der Essenszubereitung zur Kochkunst, vom Geräusch zur Musik - von der Natur zur Kultur. Um den Eindruck der Beliebigkeit zu vermeiden, verbindet sich das Allgemeingültige mit der Individualität, dem Unverwechselbaren des Herkommens, des Regionalen.

Essen und Trinken gehören zu den anthropologischen Konstanten, weil sie das Leben erhalten; sie fordern aber auch durch den Antrieb ständiger Erfahrung das Bewußtsein immer wieder heraus und stellen es auf die Probe. Die Dynamik dieses kulturgeschichtlichen Phänomens ist vielfach untersucht worden. Der französische Anthropologe Claude Lévi-Strauss geht in seiner Abhandlung "Le triangle culinaire - das kulinarische Dreieck" der Erscheinung auf den Grund. Bedeutsam ist für Lévi-Strauss das Verhältnis von geräuchert - gebraten - gesotten. Ursprünglich geschieht das Braten ohne Vermittlung durch die bloße

Wirkung des Feuers auf die Nahrung. Räuchern erfordert bereits eine Technik.
Die Einwirkung des Feuers auf die Nahrung wird bei Verringerung der Luftzufuhr
verlangsamt. In den Anfängen bediente man sich dazu eines Rostes. Die
gesottene Nahrung dagegen bedarf zu ihrer Herstellung einer zweifachen
Vermittlung, durch einen Behälter, der ein Kulturgegenstand ist, und durch
Wasser, das zusammen mit der Nahrung in den Behälter gegeben wird.

Das Gebratene steht in diesem Sinne noch auf der Seite der Natur, das Gesottene
dagegen auf jener der Kultur. Die Schöpfungen der Kultur bedingen eine
Vermittlung zwischen Mensch und Welt. Auch das Kochen ist ein Akt der Kultur,
da in einem Behälter durch das eine Element der physischen Welt, das Wasser,
eine Vermittlung zwischen der Nahrung, die der Mensch aufnimmt, und dem
anderen Element der physischen Welt, dem Feuer, zustande kommt. Es versteht
sich von selbst, daß mit diesen Entwicklungen auch die Entfaltung der
Kochkultur und der Eßkultur grundgelegt wurde. Rezepte gehörten und gehören
oft noch zu den in kultischen Formen gehüteten Geheimnissen. Die Veränderungen der Kochkunst stehen in einer wesentlichen Beziehung zur Entwicklung
der Küchengeräte. In der Mythologie und in der Symbolik der Völker und
Kulturen ist die Wechselwirkung zwischen Natur und Kultur auf dem Gebiet des
Essens festzustellen. Die Ursprünglichkeit der Antriebskräfte ist Triebfeder zur
Entfaltung der Zivilisation.

Fatalerweise sind Essen und Trinken gerade bei wachsender Verfeinerung immer
der Gefahr des Exzesses ausgesetzt. Der Heilige Augustinus läßt Sünde dort
beginnen, wo Genuß anstelle der Notwendigkeit zum Zweck des Handelns wird.
Auch wenn man den Weg der christlichen Ethik nicht beschreitet, wird man
zugeben, daß Begehren und Sinnenlust überstarke Kräfte sind, die einer
Kontrolle, einer Moderierung bedürfen. Der Feinschmecker stimmt hier ohne
Bedenken zu, da für ihn Mechanismen der Askese und Diätetik nicht nur die
richtige Verwendung der Lüste regeln, sondern notwendig sind, um den sich
steigernden Genuß zu rechtfertigen. Der Weltmann und wissenschaftliche Kenner
der Tafelfreuden Eugen von Vaerst bemerkte um die Mitte des vorigen
Jahrhunderts: "Der Gourmand, der immerzu gleichstarker Trinker ist, wird meist
ein Opfer der Gicht und des Podagra; der Gourmet, der nur ausnahmsweise gegen
das Maß sündigt, schadet oft seiner Gesundheit mehr als der Gourmand; denn
dieser hat meist eine robuste Natur; jener ist schwächlich, nervös und endigt oft
mit vollkommener Blasiertheit des Geschmacks, denn seine Gelüste waren

launenhaft, ohne geistige Herrschaft. Der Gastrosoph wird, indem er Theorie und Praxis mit überlegenem Geist verbindet, mit Gesundheit alt werden. Ja, dies ist zugleich seine eigenste Aufgabe: gesund bleiben und alt werden in der angenehmsten Weise, mit täglichem Genuß der wohlschmeckendsten Speisen und Getränke, in der schönsten Form". Der wahre Gourmet hat also weniger die Tugend im Auge, vielmehr die Gesundheit, da er weiß, daß ein langes Leben erforderlich ist, um alle Höhen des Genusses erklimmen zu können. Kochkunst, die diesen Namen verdient, berücksichtigt diese menschlichen Gegebenheiten. Die große Küche entfaltet sich erst in der Wechselwirkung von Verzicht und Raffinement und bewegt sich so von Gipfel zu Gipfel ihrer Leistung.

II.

Kochkunst, kulinarisches Streben und kulturelle Entwicklung verbinden sich auf das engste. Die geschichtlichen Abläufe sind nicht gleichförmig. Die nationalen Unterschiede, die regionalen Gegebenheiten und die politischen Einflüsse spielen eine erhebliche Rolle.

Der mittelalterlichen Küche galt die Suppe als Höhepunkt der Feinschmeckerei und als Abschluß eines festlichen Mahls. Erst die Renaissance des 15. u. 16. Jahrhunderts mit ihrer Hinwendung zum Diesseits und zur Sinnenfreude bescherte der Kochkunst das Niveau der großen Küche. In Europa wurde neben Italien bald Frankreich führend. Kein Geringerer als der französische Philosoph Michel de Montaigne begründete nach einer Italienreise den bis heute anhaltenden Disput zwischen den Anhängern der französischen und jenen der italienischen Küche. Es war die Geburtsstunde des Raisonnements über die Kunst des Kochens. Die Päpste der Gastronomiekritik üben seither Einfluß auf die feine Lebensart, können hoffnungsvolle Talente in der Küche aufbauen, aber auch vernichten.

Sofern es sie überhaupt gegeben hatte, war von einer deutschen Küche in diesen lichten Gefilden nicht die Rede. Der gastronomische Ruf der Deutschen war seit Tacitus denkbar schlecht. Er bezeichnete die Speisen der Germanen als "roh und gemein". Immerhin erkannten wache Zeitgenossen die Mängel. So beklagte der Kunsthistoriker, Gastrosoph, Wissenschaftler und Volkspädagoge Karl Friedrich von Rumohr in der ersten Hälfte des vorigen Jahrhunderts bei den Deutschen "jene barbarische Neigung zur Völlerei, welche einer notgedrungenen Mäßigung noch immer nicht gänzlich gewichen ist". Der schon genannte Eugen von Vaerst beschreibt die Wurzel des Übels: "Wer in Deutschland ein Kochbuch schreiben will, der muß damit anfangen, den Töpfer zu lehren, den Herd zu bauen, damit er nicht bloß Feuer von unten oder oben, sondern auch beides zugleich haben könne; er muß den Fleischer lehren, das Fleisch zu hacken, und vor allen Dingen den Bäcker, das Brot zu backen...". Fürwahr eine vernichtende Kritik! Sie unterstreicht das Beispiel der Spinatzubereitung: "In einigen Gegenden ist der Mißbrauch eingerissen, den Spinat in Wasser abzusieden, das Wasser alsdann wegzuschütten, um endlich durch Hacken und durch Dämpfen in Butter oder Fleischbrühe ein Gemüse daraus zu bereiten. Man gibt ihm, also zugerichtet, auch wohl durch Zwiebeln, einen ganz neuen und fremdartigen Geschmack, und bindet ihn mit abgerührtem Mehle, mit Semmelbrösel oder mit ähnlichem. Nichts kann wohl vernunftswidriger sein als diese Art der Zurichtung".

Die fette und schwere Küche ist die Küche des arrivierten Bürgertums. Sonst waren der Erziehung zum guten Kochen Grenzen gesetzt, da bis zur Mitte des 19. Jahrhunderts Deutschland noch von Hungersnöten heimgesucht wurde. Jene, die es sich leisten konnten, huldigten dem französischen Vorbild. Trotz der uneinsichtig ausgetragenen deutsch-französischen Erbfeindschaft speisten auch im Zweiten Deutschen Kaiserreich Adel, Fürsten, Geistlichkeit und Diplomaten auf französische Art. Es gehörte zum guten Ton, daß jedes anspruchsvolle Diner französischen Richtlinien folgte. Die Speisekarten waren in der Küchenfachsprache Französisch geschrieben. Als 1913 Kaiser Wilhelm II. sein Passagierschiff "Imperator" vom Stapel ließ, holte er zum Festbankett keinen Geringeren als den Großmeister der französischen Küche Auguste Escoffier und stellte sich mit ihm bildlich auf die gleiche Stufe, als er sagte: "Wir sind beide Kaiser - ich Kaiser aller Deutschen, Sie Kaiser aller Köche"!

Große Küche war grande cuisine française oder schlichtweg haute cuisine. Jede Erneuerung der deutschen Küche mußte sich in französischen Traditionen bewegen. Diese Aufgabe stellte sich in den zwanziger Jahren der Rheinländer Alfred Walterspiel, der deutsche Fernand Point. Walterspiel fühlte sich dem Vorbild Escoffier verbunden. "Der Faden, der durch mein Werk geht, ist höchste gastronomische Schule aus Frankreich", so schreibt er in seinen Erinnerungen. Dabei blieb er aber nicht stehen, sondern gestaltete zum ersten Mal große deutsche Küche in eleganter Einfachheit im Rahmen der klassischen Strenge seiner Restaurantkultur. In den letzten Jahren nehmen deutsche Küchenchefs die

Traditionen Walterspiels wieder auf. In Frankreich waren die Entwicklungslinien zur berühmten Vergangenheit nicht abgerisssen. Dafür sorgte vor allem Points bedeutender Schüler Paul Bocuse.

Die zwanziger Jahre, die golden twenties, brachten jene Atmosphäre und jenes kulturelle Flair, die für das Gedeihen einer großen Küche notwendig sind. Walterspiel kreierte in seinen Restaurants im Hotel Adlon in Berlin und dann im Hotel Vier Jahreszeiten in München jene deutsche Küche, die sich inmitten einer Leichtigkeit des Lebens durch die Schwere hoher Kunst auszeichnete. Die Ahnung von den Grenzen und der Unzulänglichkeit menschlicher Zivilisation ermöglichte jene Haltung der Gelassenheit und Gleichmütigkeit, die den Sinn für das Feine und Beste zur Charaktereigenschaft, zur Lebenshaltung entwickelte.

Erst Alfred Walterspiel formte aus der deutschen Küche eine große Küche. Um die herrschende Begriffsverwirrung nicht zu steigern, soll einiges zur Klärung gesagt werden. Die klassische Küche ist französisch geprägt. Die französischen Meisterköche waren das große Vorbild und ihre Restaurants das Mekka für jene, die lernen wollten - und diese taten und tun es vielfach ohne Lohn. Die klassische Küche setzt sich aus jenen Gerichten und Zubereitungsarten zusammen, die sich über Jahrzehnte, ja Jahrhunderte bewährt haben und deren Kenntnis für die hohe Schule der Kochkunst unabdingbar wurde. Jeder ambitionierte Küchenmeister strebt danach, durch ein Rezept, die Komposition einer Soße einen Beitrag zur klassischen Küche zu leisten. Mit der Namensgebung wird der Platz im Kanon der klassischen Gerichte gesichert. Es geht also nicht um Originalität um ihrer selbst willen. Die Auswüchse einer mißverstandenen cuisine minceur oder einer übertriebenen cuisine naturelle sind beredte Beispiele. Man könnte in Abwandlung des bekannten Wortes T.S. Eliots sagen, daß ein absolut originelles Gericht ein absolut schlechtes Gericht ist. Die klassische Küche ist das Fundament der großen Küche. Jede klassische Küche ist große Küche, aber die große Küche reicht über die klassische Küche hinaus. Jedes Gericht der bürgerlichen oder der Regionalküche kann in die große Küche aufgenommen werden, wenn die Produktwahl, die Zubereitungsart und die Präsentation den Anforderungen der großen Küche entsprechen, wenn der Dreiklang der Sinne Geschmack, Gesicht und Geruch zur höchsten Harmonie geführt werden. Das Medium der großen Küche ist für die Meisterköche der immerwährende Quell, einen Beitrag zur klassischen Küche zu leisten und in einem ständigen Prozeß der kreativen Phantasie neue Gerichte zu schaffen.

Die klassische Küche ist eine objektive Wissenschaft und bietet das Repertoire für die Ausbildung zum großen Küchenchef. Nur durch sie wird jene Genauigkeit und Professionalität, jene präzise Sprache im Beherrschen der Namen und Rezepte vermittelt, die allein die Möglichkeit eröffnen, Kochen zu großer Küche werden zu lassen. Ob es sich um Seezungenfilet Adrienne, Seezungenfilet Yvette, Kalbsrücken Orloff, Fasan Souwaroff, Rinderfilet Richelieu, Coulibiac, Crème Vichyssoise, Bayerische Crème oder Bayerische Crème Rothschild handelt, die hohe Schule der Kochkunst legte genau fest, worum es sich handelt - und um nichts anderes kann es sich handeln, wenn jene Namen genannt werden. Für den Fachmann und den Kenner ist es die Stenografie der Küchensprache.

Um einem weitverbreiteten Irrtum vorzubeugen, die klassische Küche sei ein Mixtum Kompositum, ist zu betonen, daß gerade bei ihr die Einzelprodukte nach sich selbst schmecken müssen und nach sonst nichts. Schon im vorigen Jahrhundert stellte Rumohr die allgemeine Forderung auf. "Entwickle aus jedem eßbaren Dinge, was dessen natürlicher Beschaffenheit am meisten angemessen ist". Die Vermählung der Bestandteile des Gerichtes erfolgt auf der Zunge des Essers. Beabsichtigt der Küchenchef den Zusammenklang von vorneherein, so wählt er eine andere Präsentation des Gerichtes, so die Form des Kuchens oder der Pastete. Die Zubereitung hat diesen Zielen uneingeschränkt zu dienen. Feine Fischfilets werden über Dampf gegart, um ihre Saftigkeit zu erhalten. Die Verwendung des Schweinenetzes und das Einrollen von Speisen in Wirsing- bzw. Weißkrautblätter dient dazu, eine Konzentration der Aromen zu fördern und ein Austrocknen beim Braten zu verhindern.

Ihre Verehrer und die Kenner rechnen die klassische Küche zu den schönen Künsten wie Malerei und Bildhauerkunst. Planung und Vorbereitung des Menüs als Komposition von Farbe, Geschmack und Konsistenz geschehen nach künstlerischen Vorgaben. Die Präsentation auf dem Teller im gastlichen Rahmen erfordert Eleganz der Darbietung und ist unabdingbar für die klassische Küche und für die große Küche. Ständig beobachten wir kreative Anstöße in der Tafelkultur, so die neue Romantik und die dezente Sachlichkeit oder die Eat Art des Nouveau Réalisme des Daniel Spoerri. Nur so ist jene Kunst möglich, die Augen und Gaumen in gleicher Weise entzückt. Genaue Zubereitung und makelloser Service sind nicht Snobismus, sondern wurden aus Achtung vor den Speisen entwickelt.

Die große Küche ist von der klassischen Küche abhängig. Beide stehen in Wechselwirkung zur regionalen Küche. Letztere ist traditionell gute Küche. Bis zum Zeitalter des Kühlschranks und der Tiefkühltruhe war die regionale Küche schon aus technischen Gründen eine Notwendigkeit. Die Cuisine du Marché propagiert sie wieder, da die Frische der Produkte, ihr Wohlgeschmack und das breitgefächerte Angebot Voraussetzungen nicht nur der großen, sondern schon der guten Küche sind. Dem widerspricht nicht, daß Edelprodukte, die der klassischen Küche eigen sind, in jede Küche, die den Anspruch erhebt, groß zu sein, Eingang finden. Abzugrenzen ist die von Standardisierung sowie von Zeit- und Raumlosigkeit geprägte internationale Küche, die nur durch Kühlsysteme, Konservierung, Verkehrstechnik und modische Geschmacktrends existieren kann. Fastfood muß aber nicht schlecht sein.

Die große Küche bietet die Möglichkeit, durch die hohe Präzision und Professionalität der klassischen Küche und ihren Kenntnisreichtum nicht nur die regionale Küche in ihrer Unverfälschtheit wieder zur Geltung zu bringen, sondern gibt darüber hinaus dem phantasiebegabten und kreativen Küchenchef die Möglichkeit, die klassische Küche lebendig zu gestalten. Die Regionen und Nationen leben in ihrer kulturellen Eigenart davon.

III.

Nach 1945 war die große Zeit Alfred Walterspiels vorbei. Er blieb eine Einzelerscheinung. Die Gründe liegen auf der Hand und werden in anderen Beiträgen behandelt.

Die fünfziger Jahre waren die Jahre der Sättigung. Es galt das Trauma des Hungers der endenden vierziger Jahre zu überwinden. Wie die Kultur in Deutschland in den wilden Sechzigern, den fabulous sixties, den swinging sixties, den années 60, in den Jahren der beat-generation und der alternative society, dem between age oder der decade of young rebels nach ihrer Identität suchte, so war die Küche bis zu Beginn der siebziger Jahre ohne Profil von einer Internationalisierung der Produkte und des Geschmacks geprägt. Die kulinarisch nicht belasteten Amerikaner nannten die Deutschen verächtlich "krauts". Sie brachten ihnen die Konserve als Dosenfleisch, Dosenpfirsich, Dosenananas, Dosengemüse, dann Curry als Vorgänger des grünen Pfeffers und Ketchup,

Pommes frites, aus einer Barbecue-Mentalität das Steak und in österreichischer Verfremdung das Grillhähnchen. Es war die Zeit der Hobbyköche, der Grillparties, der Snackbars und Imbißstuben, der Pizzaschnitten, der Spaghetti und der Balkanspezialitäten als Straßenkost. "Ausländisch mußte es sein, exotisch und teuer", wie Kritiker schrieben. Die Ansprüche eines Restaurants erschöpften sich im Flambieren - bei höchsten Ansprüchen gingen die Lichter aus -, ob es paßte oder nicht. Zum Essen gab es süßen Wein, der möglichst ein Durchschnitt zu sein hatte, ohne Geschmack nach Gegend, Lage oder Rebsorte. Mit Trauer erinnerte sich der Feinschmecker an die Zeiten des 19. Jahrhunderts, als in den besten Restaurants Europas der einfache Weißwein ein französischer oder italienischer Wein und der gute Weißwein immer ein Wein aus deutschen Lagen war.

Daneben bestanden die regionalen Gerichte fort, allerdings in der Tradition der "Nährmittel", der "Fettrationen" mit Sättigungsbeilagen. So geißelte Erich Kästner: "Das schlimmste am Heimweh war das Bild vom fetten Grünkohl mit Pinkel (Bremer Art) und von einem glibberigen Eisbein mit Sauerkraut und Erbspüree. Selbst die bürgerliche deutsche Küche erreichte unter kulinarischen Gesichtspunkten ein Niveau, von dem aus es nur noch aufwärts gehen konnte". Eine Erneuerung der deutschen Küche, geschweige denn der großen deutschen Küche aus eigener Kraft erwartete kaum jemand. Der Weg zum natürlichen Kochen und zum trockenen Wein war weit. Wenn überhaupt, konnte auch der zweite kulinarische Aufbruch in Deutschland nur von außen kommen. Die französische Küche war von Marie Antoine Carême, Auguste Escoffier bis Fernand Point und Raymond Oliver weiter tonangebend. Vor allem Fernand Point war es, der auf klassischer Grundlage die große französische Küche der Zwischen- und Nachkriegszeit prägte. Das französische Vorbild blieb übermächtig, und das Gefühl der Überlegenheit kennzeichnet vielfach bis heute die jungen französischen Küchenchefs. Einer der kreativsten, Jacques Maximin, bezeichnete noch 1986 verächtlich die deutsche Küche als "short".

Ein Grund für die Überlegenheit mag in der Eigenart Frankreichs und seiner Bevölkerung liegen. Über Jahrhunderte hinweg ging die Erziehung der Bauern zu differenzierter Produktion und die Erziehung der Bevölkerung zu kultiviertem Essen Hand in Hand. Eine sich steigernde Kochkunst ist die unvermeidliche Konsequenz. Nun, es hatten nicht nur die Franzosen, etwa in Balthazar Grimod de la Reynière und Jean Anthelme Brillat-Savarin ihre großen Eßkritiker und Eßerzieher, sondern auch die Deutschen in den schon genannten Eugen von

Vaerst und Karl Friedrich von Rumohr. Der Unterschied aber war, daß in Frankreich die Gastrosophen und die Meisterköche einen breiten Strom der Diskussion bewirkten, während in Deutschland Vaerst und Rumohr einsame Kämpfer blieben. Die Bücher der Kochkunst und der Kochkritik erlebten in Frankreich zahlreiche Auflagen und eine ungeheuere Verbreitung. Fachzeitschriften wurden gegründet, so die berühmte "L'Art Culinaire". Rumohr veröffentlichte sein Buch "Geist der Kochkunst" aus Zurückhaltung zunächst anonym und erst 1832 unter seinem Namen. Mehr als hundert Jahre später, 1966, ist dieses Werk neu aufgelegt worden. Das Interesse war gering, ein Großteil der Auflage wurde im modernen Antiquariat verramscht. Vaersts berühmtem Werk "Gastrosophie oder die Lehre von den Freuden der Tafel" ging es nicht viel besser. 1851 erschienen, hatte der Verleger 1918 noch nicht alle Exemplare verkauft. Dennoch veranstaltete 1922 Carl Georg von Maassen mit der Begründung, daß er in Deutschland noch nie einer Tafelfreude im Vaerstschen Sinne beigewohnt habe, eine Neuauflage. Die Hoffnung trog, denn 1975 legte Carlheinz Kramberg das Werk mit derselben Begründung erneut auf. Wie es scheint, befanden sich die deutschen Köche und der deutsche Esser auf dem Weg der Besserung.

Der grundlegende Wandel der deutschen Küche um die Mitte der siebziger Jahre ging aber nicht von der Theorie, vielmehr von einer erneuerten französischen Küche aus, der sogenannten Nouvelle Cuisine, wie sie ihr Altmeister Paul Bocuse propagierte. Die Theorie aber stammt bereits von Escoffier: "Wir werden die Vereinfachung des Anrichtens und des Servierens soweit nur irgendwie möglich weiterführen, aber gleichzeitig die Schmackhaftigkeit und den Nährwert der Gerichte auf die höchste Stufe zu bringen suchen, wobei wir jedoch danach trachten, die Speisen leichter und für den Magen leicht verdaulich zu machen. Die Kochkunst muß sich - ohne ihren Charakter als Kunst einzubüßen - zur Wissenschaft erheben und ihre Rezepte, die oft noch zu empirisch sind, einer Methode und Präzision unterwerfen, welche jeden unliebsamen Zufall ausschließt". Niemand kann es deutlicher sagen. Die Nouvelle Cuisine ist ein neuer Stil der Kochkunst. Er fordert die Frische der Produkte des Marktes und damit eine regionale Rückbesinnung. Er bedeutet eine Anpassung an die neuen kalorienbewußten Ernährungsgewohnheiten, wie sie Eugen von Vaerst in seiner Gesundheitslehre vorgeschwebt waren. Fast alle großen französischen Köche halfen diesen Stil zu verwirklichen oder ließen sich von ihm mehr oder weniger stark beeinflussen, so Michel Guérard, Jacques Manière, Raymond Tuilier, die Gebrüder Troisgros, Paul Haeberlin, Alain Chapel und viele andere mehr. Selbst der 1955 gegründete elitäre Klub der Spitzenköche "Tradition et Qualité" wurde von dieser Welle, wenn auch moderiert, erfaßt.

Der neue Stil überzeugte und übte auf zahlreiche Kochtalente in der ganzen Welt eine magische Anziehungskraft aus. Sie pilgerten nach Frankreich, kamen zurück und führten die heimische Kochkunst auf bisher kaum gekannte Höhen. Die große deutsche Küche der Gegenwart war zuerst ganz in der französischen Tradition befangen, emanzipierte sich aber schließlich in Rückbesinnung auf die Küche der deutschen Regionen, um auf diese Weise der französischen großen Küche ebenbürtig zu werden.

IV.

Was hat sich mit Beginn der siebziger Jahre in der deutschen Kochkunst geändert? Die Nouvelle Cuisine eroberte Deutschland und revolutionierte seine Küche. Die Feinschmecker rechts des Rheins pilgerten nach Collonges au Mont d'Or, Roanne, Eugénie les Bains oder Illhaeusern, und ambitionierte Küchenchefs suchten in Deutschland in der Nachfolge der Großen Frankreichs ihre eigene Identität zu gewinnen. Zu keiner Zeit ging es weder in Frankreich noch in Deutschland um die Schaffung einer neuen Küche, insofern ist der Begriff Nouvelle Cuisine irreführend, sondern um die Weiterentwicklung der klassischen Küche nach den veränderten Eßgewohnheiten und gesundheitlichen Anforderungen. Alfred Walterspiel blieb in Ehren. Die neue Kochkunst verlangte Gerichte in raffinierter Einfachheit. Dieser klassische Anspruch hat nichts mit Diät-Küche zu tun. Lediglich auf das Übermaß an Fett, Eiern und Mehl wurde verzichtet, um die Standpunkte des Gourmets und des Arztes zu harmonisieren. Dies hatte durch die Verwendung erstklassiger und frischer Produkte zu geschehen, da nur sie den höchstmöglichen Eigengeschmack aufweisen und sich zur Zubereitung à la minute eignen. Die Grundlage der Soßen ist nicht mehr das Mehl, sondern der Fond. Reduzierten Kalbs-, Geflügel-, Fisch- oder Gemüsefonds werden im notwendigen Maße etwa Butter, Sahne, Wein oder Kräuter hinzugefügt. Mehl verwenden nur noch der Patissier und der Bäcker. Gemüse wird knackig serviert; das Pürieren ist ein modischer Auswuchs. Gewürze und Kräuter finden in ihrer ganzen Vielfalt Verwendung. Es ist die Zeit der Wiedergeburt des Bauerngartens und des klösterlichen Würzgartens. Fische werden nicht mehr zerkocht, sondern auf den Punkt gegart, pochiert oder gebraten. Das Wild bleibt nicht mehr am Haken hängen, bis es herunterfällt, sondern wird frisch verarbeitet. Der Hautgout hat dem natürlichem Geschmack zu weichen.

Die Produkte für diese veränderte Küche waren in Deutschland nicht im nötigen Maße verfügbar. Es fehlte die Infrastruktur. In diese Marktlücke stieß Karl-Heinz Wolf. Er schuf den bekannten "Rungis-Expreß". In den Markthallen von Paris in Rungis fließen gleichsam in Strömen alle großen und kleinen Produkte Europas, ja der ganzen Welt zusammen. Es war ein leichtes, von hier aus die Versorgung der großen Restaurants in Deutschland sicherzustellen. Zum Teil geschieht dies noch immer. Nur durch diese Möglichkeiten der Produktbeschaffung konnten sich die Talentierten unter den "Frankreichheimkehrern" zu Leitfiguren entwickeln. Eckart Witzigmann, Chef des "Tantris", dann des eigenen Restaurants "Aubergine" in München, war einer der ersten. Er lernte bei Paul Haeberlin und Paul Bocuse, arbeitete in Brüssel, Washington und Ettlingen und entpuppte sich nicht nur für die deutsche große Küche als Ausnahmeerscheinung. Indem er die berühmten drei Michelin-Sterne holte, leitete er maßgeblich das deutsche Küchenwunder ein. Seiner Meinung nach ist Kreativität nicht zu vermitteln, wohl aber könne ein Koch mit Talent entdeckt und gefördert werden. Heute gibt es in Deutschland eine kaum übersehbare Zahl arrivierter Köche, die jedem internationalen Vergleich standzuhalten vermögen. Witzigmann tritt für die Leichtigkeit ein, vergleicht die neue Küche mit einem jungen, schlanken Mädchen von heute. "Sie trägt nicht viel, und man sieht gleich, was an ihr dran ist". Er formuliert seinen Grundsatz: "Ich respektiere die klassische Küche und realisiere davon ausgehend meine eigenen Vorstellungen". Dies tut er in der geforderten Strenge seines "Großvaters" in der Kochfamilie Fernand Point: "Eine gute Mahlzeit muß so harmonisch wie eine Symphonie und so gut konstruiert wie eine gotische Kathedrale sein... Die große Küche erfordert einen heiligen Eifer. Man darf nur an seine Arbeit denken. Die große Küche ist mitleidslos. Der Erfolg besteht in der Perfektion der kleinsten Details".

Kein Zweifel, der große Küchenchef braucht nicht nur den Esser, sondern den verständigen Esser, im Grunde den Feinschmecker oder wenigstens einen Gast, der den Willen und den Ehrgeiz hat, ein Feinschmecker zu werden. Die große Küche setzt also Wohlwollen in einer breiten Öffentlichkeit voraus und eine allgemeine Bereitschaft, sie zu akzeptieren. Inzwischen hat es sich herumgesprochen, daß man zum Feinschmecker nicht geboren, sondern erzogen wird, daß jeder Gast den Koch hat, den er verdient. Der große Feinschmecker und

Schriftsteller Joseph Wechsberg meint, daß der Sinn für das gute Essen geübt werden muß wie das Geigenspielen. Die Bonner Regierungsszene ist weit davon entfernt, Vorbild zu sein. Solange Bundeskanzler Helmut Kohl in einem Feinschmeckerrestaurant dem Küchenchef die Frage stellt, ob er nicht einen Eintopf haben könne, wird man wohl nur mit Schrecken daran denken, was er tun würde, wenn ihm sein Außenminister - wie einst Talleyrand seinem König vom Wiener Kongreß - per Eildepesche sagen ließe: "Sire, ich brauche dringender Kasserollen als schriftliche Instruktionen". Aber auch ohne Bonner Hilfe hat die deutsche Küche heute kaum zu übersehende Popularität in der Bevölkerung. Es gibt 13 Fachzeitschriften mit einer Auflage von über zwei Millionen, Berichte in der übrigen Presse, so die Kostprobe in der Süddeutschen Zeitung, Beiträge im Zeit- Magazin und im Magazin der Frankfurter Allgemeinen Zeitung, nicht mitgerechnet. Wichtig und interessant ist, daß dieser Boom erst um die Mitte der siebziger Jahre einsetzte. Die Zeitschrift "Essen und Trinken" erscheint seit 1972, "Der Feinschmecker" seit 1975 und das Magazin "Gourmet" seit 1976. Nicht zuletzt ist der Run auf die großen Köche und deren Kochkurse Zeichen der Akzeptanz und Popularisierung feinen Essens.

Die Frage "Was hat sich geändert"? erheischt noch eine Gliederung der Entwicklung seit den siebziger Jahren. Wir stehen den Vorgängen sehr nahe. Eine genaue zeitliche und räumliche Abgrenzung ist schwer möglich. Aber es lassen sich immerhin drei Abschnitte unterscheiden.

Schon die erste Phase zeigt, daß die große deutsche Küche nie eine Diätküche war. Zwar richteten sich die Küchenchefs nach den Grundsätzen der Nouvelle Cuisine, vermieden aber weitgehend deren Übertreibungen. Die Sucht zum Pürieren, Rohkost zu servieren und in winzigen Portionen anzurichten, wurde ebenso rasch überwunden, wie die damals aufgekommene Unsitte, den Gast zu bevormunden, zu belehren. Am Anfang stand eine Erweiterung des Angebots auf der Grundlage einer vielfältigen Verwendung bisher nicht in dem Maße gekannter Rohprodukte. Die Vorspeisen gewannen eine überragende Bedeutung. Sie prägten in einer Vielzahl von Variationen als Salate, Terrinen, Nudeln, Reis oder Suppen die veränderten Gewohnheiten. Hier hatte die Kreativität der Köche ein weites Betätigungsfeld. Die Nachfrage ließ sich auch an der Umgestaltung der Feinkostgeschäfte ablesen. Die Salate und Vorspeisen nahmen immer mehr Raum ein und gehören bis heute zu den wichtigsten Abteilungen dieser Geschäfte. Die Gewichte der Speisenfolge änderten sich. Lag bisher der Akzent auf dem Braten, so wurden nunmehr die Vorspeisen und der Fischgang zur Hauptsache. Auch das Soufflé als Vorspeise oder Dessert feierte in zahllosen Varianten seine Wiederentdeckung. Keine große Küche kommt ohne Luxus aus. Insofern galt frei nach Oscar Wilde die Devise "man nehme von allem das Beste".

Ende der siebziger Jahre waren sie alle verfügbar, die schwarze und weiße Trüffel, der Hummer, der Kaviar, die Gänseleber, die Jakobsmuschel, die Auster, der Lachs und das Rebhuhn. Ihre reichliche und häufige Verwendung gab jener Phase als die Zeit der sogenannten Edelfreßwelle den Namen. Daß seitdem auch die Eßkultur und die Gastlichkeit einen vehementen Aufschwung nahmen, sei hier nur am Rande erwähnt.

In der ersten Phase fehlte den vielfach zu beobachtenden Improvisationen die Harmonie. Die bedeutenden Köche erkannten, daß die Nouvelle Cuisine nur ein Stil ist und daß Luxusprodukte immer nur Zutaten sind, allein aber für eine große Küche nicht ausreichen können. Kritik, Diskussion und die Folgen leiten zum zweiten Abschnitt der Entwicklung über. Der Küchenchef Heinz Winkler redet der Gelassenheit des Könners das Wort und plädiert 1980 für das Einfache als Gegengewicht zur Hochartistik der neuen Küche und der einseitigen Verwendung von Luxusprodukten. Rückblickend sagt Küchenchef Peter Wehlauer, daß er von der Nouvelle Cuisine elektrisiert wurde, daß es für ihn aber nun gilt, dieses Erbgut neu zu interpretieren. Es geschah zunächst durch die Verwendung von Produkten, die bisher in erster Linie der einfachen, der bäuerlichen oder der bürgerlichen Küche vorbehalten waren, und ihre Kombination mit Produkten der großen Küche. So kamen nun Innereien, wie das Kalbsbries, von dem noch 1974 Gert von Paczensky schrieb, daß es sich keiner der großen Köche zu verwenden traue, zu Ehren. Überraschende Gerichte wurden kreiert. Die Raffinesse lag in der Verbindung des Schlichten mit dem Luxuriösen zu hoher geschmacklicher Vollendung, so bei Rührei oder Omelett mit Trüffeln, Rotkohl mit frischer, warmer Gänseleber, Lauchsalat mit schwarzen Trüffeln, Hummer mit Kalbsbriesragout und Chicorée, Huhn in der Blase getrüffelt oder Reiberdatschi mit Kaviar. Das eine oder andere Gericht findet sich noch heute auf den Speisekarten großer Restaurants.

Es ist die Zeit, in der sich der trockene Wein in der großen Küche endgültig durchsetzte. Der deutsche Wein allerdings verlor eine Schlacht. Von wenigen Ausnahmen abgesehen, waren die deutschen Winzer noch vom lieblichen

Massenkonsumwein angetan. Franz Keller blieb ein Rufer in der Wüste. Die Kellermeister der großen Restaurants und die deutschen Feinschmecker wandten sich in wachsender Zahl französischen Weinen zu, deren Absatz in Deutschland zweistellige Zuwachsraten erreichte. Mit Mühe gewinnen heute ehrgeizige deutsche Winzer mit hohen Ansprüchen verlorenes Terrain zurück.

Infolge der zunehmenden Nachfrage nach einfachen Produkten war es nur ein kleiner Schritt zur Rückbesinnung auf das Regionale. Die große Küche entwickelte nun in der dritten Phase den Ehrgeiz, aus einfachen Produkten große Gerichte zu kreieren. Natürlich verschwinden die Luxusprodukte nicht aus der Küche, aber sie haben einen wesentlich veränderten Stellenwert. Die steigende Nachfrage nach einheimischen Erzeugnissen führt zu einer beträchtlichen Erweiterung des Angebots auf den Märkten und begünstigt den Wandel im Gartenbau und in der landwirtschaftlichen Produktion. Nun finden Linsen, Kohl, Rüben, Wirsing, Bohnen, Kartoffel, Sauerkraut, Hirse, Graupen, Buchweizen oder Grünkern in der großen Küche ebenso Verwendung wie Innereien, Kalbskopf oder Schweinefleisch. Um nicht in alte Fehler zurückzufallen, gilt als neues Stichwort "Klarheit". Durch sie sind die großen Küchenchefs bestrebt, die Traditionen des Regionalen mit jenen der klassischen Küche zur großen Küche zu verbinden. Auch in gehobenen Restaurants findet man nun die Vielfalt der einheimischen deutschen Küche. Das Fleischgericht als Hauptgang wird wiederentdeckt und die Vorspeisen erhalten den ihnen gebührenden Rang. Es gibt wieder Aal und Scholle aus Hamburg, Schweinsbraten aus München, Maultaschen aus Schwaben, Sauerbraten aus Westfalen, Grüne Soße aus Hessen, Herzdrücker aus dem Saarland, Dippehas aus der Pfalz, Teltower Rübchen, Graupensuppe oder Käsekeulchen. Man findet die Crepinettes von Schweinsfüßen auf Linsen, das Masthuhn mit Knoblauch und Rosmarin, den Aal in Kresse und Kräutersoße, die gefüllte Lammschulter auf weißen Bohnen, das Lebkuchensoufflé oder die Rote Grütze. Der Anspruch, Großes aus Einfachem durch die lokalen Produkte zu machen, kann aber nur durch die Regeln hoher Kochkunst eingelöst werden.

Indem sich die große deutsche Küche der regionalen Küchen bemächtigt hat, beobachten wir eine befruchtende Wirkung nicht nur auf die gute deutsche Küche - was man auch immer darunter verstehen mag -, sondern ebenfalls auf die internationale Küche. Der Aufbruch in Deutschlands Regionen verbreiterte die Basis für die hohe Gastronomie und steigerte das Selbstbewußtsein der großen deutschen Küchenchefs. Zeichen dafür ist der Rückgang des französischen

Einflusses. Deutsche Küchenchefs haben ihre französischen Kollegen nicht nur eingeholt, sondern überholt. Typische deutsche Produkte werden in modischer Weise von der französischen Gastronomie übernommen, so das deutsche Bauernbrot als pain de campagne, der Hering oder die Kartoffel. Gleichzeitig wächst in der deutschen Spitzengastronomie der Einfluß der italienischen Küche. Gewiß liegt ein Bedürfnis vor, aber die italienische Küche ist trotz ihrer Vielfalt auch einfacher und leichter zu kochen.

Trotz des kulinarischen Aufbruchs in der deutschen Küche der letzten zehn Jahre kann von einer Demokratisierung des guten Geschmacks nicht gesprochen werden. Aber es zeichnet sich erstmals die Möglichkeit ab, daß unsere Spitzengastronomie eine Leitfunktion für die gesamte Gastronomie und für die allgemeine Ernährung gewinnt. Gewähr dafür könnte die große deutsche Küche bieten, die in ihren Küchenchefs jene Personalität und Unverwechselbarkeit als notwendige Voraussetzung für die Entwicklung eigener Traditionen gefunden hat. Der internationale Wettbewerb wird darüber entscheiden, wie groß der Beitrag zur klassischen Küche ist.

V.

Schon heute kann man sagen, daß die große deutsche Küche, wie sie sich in den letzten zehn Jahren entwickelt hat, im Ausland hohe Anerkennung genießt. Fachleute und Feinschmecker aus der ganzen Welt geben sich ein Stelldichein in den berühmten Restaurants der deutschen Landschaften. Der Ruhm wirkt nicht im gewünschten Maße auf die sogenannte bürgerliche deutsche Küche. Dies gilt vor allem im Hinblick auf eine gesunde Ernährung. Hier liegen die Chancen einer Akademie für gesunde Ernährung, die sich auch Anliegen und Grundsätze der großen Küche zu eigen machen könnte. In Frankreich trat zur traditionellen Académie Culinaire, den Club des Cents kürzlich eine nationale Schule der kulinarischen Kunst. In Paris wird der "Prix Culinaire International Pierre Taittinger" vergeben und in Lyon wurde im Herbst 1986 ein internationaler Wettbewerb mit einem Preis für Meisterköche, dem sogenannten Bocuse d'Or, mit einer Dotation von 17 000 Dollar eingerichtet.
Die Förderung der Landwirtschaft und die Vergrößerung der Vielfalt an Lebensmitteln genügen auf Dauer nicht. Es bedarf - wie sonst auch in unserer Gesellschaft - der Leitbilder. Die große Küche ist für niemand Alltagsküche und

kann auch keine Küche für alle sein. Der gute Geschmack und die Zivilisiertheit des Lebens ist immer eine Sache der wenigen, aber nie nur der Reichen. Von Luxus zu sprechen, führt in die Irre, da hier die oft sehr unterschiedlichen und subjektiven Erwartungshaltungen des einzelnen die entscheidende Rolle spielen. Große Küche zu erleben, ist nur bis zu einem gewissen Grad eine Frage des Wohlstandes und in erster Linie eine Frage der Erziehung, der Geselligkeit. Die Fähigkeit, zwischen Nahrungsaufnahme und Speisen zu unterscheiden, ist Teil der Lebenskultur.

Literatur und Quellen: Anthelme Brillat-Savarin, Physiologie du Goût ou Méditation de Gastronomie Transcendente. Paris 1825 (Deutsch: München 1913); Norbert Elias, Über den Prozeß der Zivilisation, 2 Bände. Frankfurt/Main 8. Auflage 1981/82; Auguste Escoffier, Le Guide Culinaire. Paris 1947 (Deutsch: 1950); Zeitschrift "Essen und Trinken", Jahrgang 1 ff. (Hamburg 1972 ff.); "Der Feinschmecker", Jahrgang 1 ff. (Hamburg 1975 ff.); "Der Gourmet. Das internationale Magazin für gutes Essen", Jahrgang 1 ff (Grünwald bei München 1976 ff.); Franz Herre, Der vollkommene Feinschmecker oder Die Kunst des Genießens. Düsseldorf 1977; Claude Lévi-Strauss, L'Origine des Manières de Table. Paris 1968 (Deutsch: Frankfurt/Main 1976); derselbe, Le Triangle Culinaire, in: L'Arc, Nr. 26 (1968) S. 19 - 29 (Deutsch: FAZ vom 26. März 1966); Raymond Oliver, La Cuisine. Sa Technique, ses Secrets. Paris 1965; Claus-Dieter Rath, Reste der Tafelrunde. Das Abenteuer der Eßkultur. Hamburg 1984; Karl Friedrich von Rumohr, Geist der Kochkunst. Neuausgabe Frankfurt/Main 1966; Eugen von Vaerst, Gastrosophie oder die Lehre von den Freuden der Tafel. Neuausgabe München 1975; Alfred Walterspiel, Meine Kunst in Küche und Restaurant. München 1967.

Von der Überfluß- zur Vollwerternährung

Berthold Thomas

Einmal im Überfluß zu schwelgen, "in Milch und Honig zu baden", oder am "Tischlein-deck-dich" zu sitzen, waren noch verbreitete Traumvorstellungen unserer Vorfahren. Nur wenigen unter uns dürfte bewußt sein, daß unser Eßtisch heute so reich gedeckt ist wie nie zuvor in der Geschichte der Menschheit! Selbst Fürsten früherer Zeiten konnten sich nicht leisten, was der moderne Lebensmittelmarkt an Abwechslung und Reichhaltigkeit zu bieten vermag: Früchte, Gewürze, kulinarische Genüsse aus aller Welt wetteifern um einen Platz im Bauch des zivilisierten Menschen!

Menschen, die infolge eines ständigen Nahrungsüberangebotes nur selten echten Hunger haben, werden anspruchsvoll und "mäklig", besonders in Bezug auf den Geschmack: schönschmecken ist dann alleiniges Richtmaß für die Nahrungswahl! Und dazu gehört auch ein gerüttelt Maß an Bequemlichkeit: wenig Anstrengung beim Essen! D.h. wenig Kauen, d.h. weiche Speisen, d.h. bevorzugt weitgehend aufgeschlossene, erhitzte oder zerkochte Speisen!

Die moderne Technik bietet solche Nahrung in Hülle und Fülle! Sorgen um Mißernten oder Hungersnöte, Angst wegen Seuchen kennt der moderne Mensch nicht. Anlaß zur Demut vor den Gewalten der Natur hat er daher verloren. Zu essen ist immer da, er kann sorglos in die Zukunft leben!

Kann er das wirklich? Ist Überfluß - essen wie im Schlaraffenland - wirklich nur ein Traum vieler Generationen vor uns gewesen? Und nicht ein anzustrebender paradiesischer Zustand auch für uns?

1.   Überfluß und seine Folgen

Die Natur gibt selbst die Antwort: wir sind nicht gesünder bei unserer Ernährung, wir sind nicht leistungsfähiger als Menschen, die nicht im Überfluß leben! Im Gegenteil: trotz bester medizinischer und pharmazeutischer Versorgung, wie sie früher nie geboten werden konnte, greifen Krankheiten weiter um sich, darunter viele Krankheiten, die mit der Ernährung in unmittelbarem Zusammenhang stehen: Fettsucht, Zucker, Verstopfung, Gicht u.v.a.

In Tierversuchen konnte gezeigt werden, daß Leben im Überfluß zu Degeneration und Verlust der Nachkommenschaft führt. Ein drastisches Beispiel am Menschen gab es im 1. Weltkrieg. Der deutsche Hilfskreuzer "Kronprinz Wilhelm" führte im Atlantik, auf sich allein gestellt, einen sehr erfolgreichen Kaperkrieg gegen feindliche Handelsschiffe. Die Mannschaft wurde mit "hochwertigsten" Nahrungsmitteln der erbeuteten Schiffe versorgt: Butter, Fleisch, Weißmehl, Zucker, Eier, Delikatessen, Getränke usw., was man sich nur denken konnte - nur keine vollwertige Frischkost -, und die Mannschaft wurde krank trotz Überversorgung mit den "wertvollsten", feinsten und teuersten Nahrungsmitteln; so krank, daß sich der Kapitän nach 250 Tagen erfolgreichen Kaperkrieges freiwillig in einen Internierungshafen begeben mußte.

Als Hauptursachen der heute verbreiteten Überflußernährung wurden inzwischen erkannt:

überhöhte Energie- = Kalorienaufnahme infolge von zuviel Fett, tierischem Eiweiß und Zucker, weil allgemein zuviel und zu oft gegessen wird;

zu große Schonung wichtiger Verdauungsorgane, weil zuviel technisch Verfeinertes gegessen wird. Organe, die nicht benutzt werden, neigen zum Verkümmern;

zu geringe Unterstützung körpereigener Schutzkräfte (Immunabwehr) infolge zu geringer Versorgung mit Frischkost.

2.   Aufgaben der Ernährung

Aus Freude und Begeisterung am üppigen Nahrungsangebot wird in der Überflußernährung übersehen, daß die Natur mit der Ernährung eine viel wichtigere Aufgabe verbunden hat:

nicht nur Sattwerden,

nicht nur Schönschmecken,

sondern in erster Linie vollwertige Versorgung mit all jenen bekannten und z.T. noch unbekannten Stoffen, die jedes Lebewesen zum optimalen Inganghalten seiner Körperfunktionen benötigt.

Die von der Natur bereitgestellten Lebensmittel werden diesen Erfordernissen gerecht, aber die meisten, die der Mensch mit Hilfe seines technischen und chemischen Könnens zu "veredeln" pflegt, tun das nicht.

3. Zu weitgehende Lebensmittelverarbeitung?

Was macht der Mensch z.B. mit dem Getreidekorn? Es stellt weltweit die Basis der gesamten menschlichen Ernährung dar. In den hochzivilisierten Ländern dienen allerdings über 70 % des angebauten Getreides als Futter für die Fleischerzeugung. In den unterentwickelten Ländern ist es umgekehrt: dort ist der Hunger so groß und das Getreide so knapp, daß an Verfüttern von direkt verzehrbarem Getreide nicht gedacht werden kann.

Das für den direkten menschlichen Verzehr in der Bundesrepublik verwendete Getreide wird zu 90 % zu hellen Mehlen, d.h. zu randschichtenfreien Mehlen vermahlen. Nur 10 % kommen als Vollkornbrot zum Verzehr.

Die durch Abtrennen von Randschichten und Keimling entstehenden Verluste zeigt nachstehende Tabelle:

Verlust bekannter Schutz- und Wirkstoffe durch Abtrennen von
Randschichten (Kleie, Keim)

Anzahl	lebensnotwendige Schutzstoffe	Verlust in %
5	Mineralstoffe (K, Mg, P, S, Ca)	70-85
8	Spurenelemente (Cr, Zn, Fe, Mn, Co, Cu, Sn, Mo)	40-90
7	Vitamine, wasserlöslich (B1, B2, B6, PP, Pantothen-säure, Folsäure, Biotin)	65-85
3	Vitamine, fettlöslich (E, K, Carotin)	60
2	noch unbekannte Faktoren von Vitaminwirkung	
3	Aminosäure (Lysin, Leucin, Threonin)	15-35
1	Fettsäure (Linolsäure)	50-80
2	Stoffe mit vitaminähnlicher Wirkung (Cholin, Inosit)	70-80
31	Stoffe zusammen	15-90
	überwiegend	80
dazu	wasserunlösliche Ballaststoffe (Hemizellulose, Pektin, Lignin, Zellulose)	70-85

Schutz- oder Wirkstoffe werden solche Stoffe genannt, die in unserem Körper nicht nur nützliche, sondern sogar lebensnotwendige Wirkungen auslösen. Wenn sie laufend fehlen oder in zu geringer Menge angeboten werden, kann es zu Ausfallerscheinungen kommen:

Ballaststoffmangel z.B. hat eine zu schwache Anregung wichtiger Verdauungsorgane zur Folge;

Vitamin- oder Mineralstoffmangel kann das Versiegen einzelner lebensnotwendiger Steuerungsflüssigkeiten wie Enzyme und Hormone oder das Versagen lebenswichtiger Körperorgane zur Folge haben.

In Südostasien, wo Reis das am meisten angebaute Getreide ist, geschieht mit dem Reis etwas ganz ähnliches; weil das weiße, geschliffene und polierte Korn schöner aussieht, mußten Millionen Menschen den Mangel an Inhaltsstoffen der fehlenden Randschichten, des sog. Silberhäutchens, mit dem Tode bezahlen. Die Krankheit ist unter der Bezeichnung Beri-Beri weltweit bekannt.

Technisch veränderte Nahrungsmittel, die nicht mehr den höchstmöglichen Vollwert besitzen, beherrschen heute den Lebensmittelmarkt und werden vom Verbraucher bevorzugt. Der Verbraucher ist so an sie gewöhnt, daß es schwerfällt, von ihnen zu lassen. Denn der Mensch ist bekanntlich ein "Gewohnheitstier", und schon Tolstoi stellte fest: "Der Mensch geht lieber zugrunde, als daß er seine Gewohnheiten ändert".

Nur wer sich von der Überlegung leiten läßt, daß er durch mehr Vernunft in der Ernährung seine eigene Lebensqualität, seine Leistungsfähigkeit und seine Abwehrkräfte steigern kann, wird bereit sein, auch einmal von lieb gewordenen Gewohnheiten bei der Wahl seiner Nahrungsmittel Abstand zu nehmen. Denn Gutschmecken und Vollwert schließen sich überhaupt nicht aus! Hier entscheidet eigentlich nur die Frage: Was ist wichtiger, die Genußfreude von heute oder die Gesundheit von morgen?

Diese Frage ist tatsächlich schwer zu entscheiden, denn anhaltendes falsches Ernährungsverhalten läßt bekanntlich nachteilige Folgen nicht sofort erkennen, sondern im allgemeinen erst nach Jahren. Daraus geht zwar hervor, daß gelegentliche Verstöße gegen Naturgesetze von der Natur geduldet bzw. "verziehen" werden, nicht aber permanente. Das erkannte schon Plato, als er sagte: "Die Sorge um die erst morgen eintretende "Strafe" auf den "Genuß" von heute vermag die Menschen kaum zu einer Änderung ihres Verhaltens zu veranlassen".

Die Folgen des zu wenigen Beachtens der Gesundheit von morgen können wir heute an den gestiegenen Kosten für die Bemühungen zur nachträglichen Wiederherstellung von Gesundheit und Leistungsfähigkeit ablesen:

Krankheitskosten in der BRD

1970	70 Milliarden DM
1974	121 "
1978	166 "
1981	210 "

Was kann man dagegen tun? Mehr Einsicht, mehr Verständnis in der Bevölkerung, daß das gar nicht zu sein braucht. Denn viele der heute vorherrschenden Krankheiten sind ernährungsbedingt, und man könnte sogar sagen, bei allen Krankheiten spielt die Ernährung mit: "Wer auch immer der Vater einer Krankheit ist, die Ernährung war sicher die Mutter". Mit etwas mehr Einsicht und Vernunft in der Ernährung könnte also jeder etwas zu seiner Gesundheit und Lebensqualität beitragen und damit auch zur Verminderung der Kosten im Gesundheitswesen. Denn "die Kunst zu heilen kann viele Leiden lindern; doch schöner ist die Kunst, die es versteht, die Leiden am Entstehen schon zu hindern". Ob allerdings durch falsche Ernährung mitverursachte Krankheiten nachträglich in jedem Falle wieder voll ausgeheilt werden können, bleibt ein individuelles Risiko, das von neuem unterstreicht: Vorbeugen ist billiger und weniger riskant als Pharmaka und Operationen!

4. Es geht auch vollwertiger

Unterstützung auf dem Wege zu mehr Lebensqualität kann den Zielvorstellungen der Vollwerternährung entnommen werden:

optimale Versorgung des Körpers mit allen lebensnotwendigen Stoffen,

Gesunderhaltung durch optimale Ausbildung von Abwehrkräften,

optimale körperliche und geistige Entwicklung zwecks hoher Leistungsfähigkeit,

Rücksicht auf die Umweltökologie durch Meidung von Veredelungsverlusten und Energieeinsparung,

Verminderung der Kosten im Gesundheitswesen,

Vorbild für Menschen auch in den Entwicklungsländern.

Diese Empfehlungen für eine vollwertige Ernährung beruhen auf langjährigen Beobachtungen und Erfahrungen und sind teilweise aus der Antike bekannt. Sie stehen unter dem Motto:

Laß das Natürliche so natürlich wie möglich.

Sie betonen den Verzehr ganzer Lebensmittel anstatt einzelner Nährstoffe. Zu den wichtigsten Empfehlungen gehören:

Mehr	Weniger
Frischkost, geringer Verarbeitungsgrad	Kochkost
pflanzliche Lebensmittel	tierische Lebensmittel
Vollkorn und Vollkornprodukte	Fleisch und Fleischwaren, Wurst, Eier
Gemüse, frische Küchenkräuter	pflanzliche Teilprodukte, wie Auszugmehle und Zucker
Obst, Gemüse, Nüsse	Genußmittel, Alkohol, Kochsalz
Milch und Milchprodukte	

Diese Empfehlungen bieten dem Verbraucher ein leicht verständliches System der Ernährung, das ohne wissenschaftliche Vorkenntnisse oder aufwendige Berechnungen anwendbar ist.

5.   Kochkost hat auch Nachteile

Der zivilisierte Mensch hat sich angewöhnt, fast alles zu kochen, zu braten oder zu backen. Durch Hitze werden die zarten Strukturen der Naturprodukte zerstört. Der sich bildende Wasserdampf zersprengt die Zellgewebe, Inhaltsstoffe fließen aus und werden meist mit dem Kochwasser weggegossen. Hitzeempfindliche Vitamine und Enzyme werden zerstört, das Eiweiß denaturiert, die natürlichen zarten Aromastoffe verflüchtigen sich. Was im Kochtopf übrigbleibt und im allgemeinen auf den Tisch kommt, sind eigentlich nur "matschige Leichen". Für sich allein würden sie nicht einmal schmecken. Sie müssen erst gesalzen und gewürzt werden, um wieder genußtauglich zu sein.

Vitamin-C-Verlust durch Wegschütten des Kochwassers

bei Blumenkohl	19 %
bei Spinat	52 %
bei Spitzkohl	44 %
bei Wirsing	46 %

Kofranyi 1975

Um die durch Erhitzen eintretenden Veränderungen beurteilen zu können, stellen wir einmal folgende Überlegung an: Wieviel Minuten dauert es, bis eine mittelgroße Mohrrübe roh, und wieviel Sekunden, bis die gleiche Mohrrübe gekocht verzehrt worden ist. Allein der erheblich längere Kauakt bringt bereits eine Vielzahl von Vorteilen mit sich:

vermehrte Speichelabsonderung und dadurch erhöhte Zahnreinigung,
erhöhte Durchblutung des ganzen Zahnhalteapparates,
bessere Versorgung der Organe mit Nährstoffen.

Die bessere Durchblutung soll sich bis auf das Gehirn auswirken. Längeres Kauen ruft frühzeitige Kauermüdung hervor, und die Ermüdung verlangt frühzeitiger nach einer Eßpause, und die ersehnte Eßpause läßt frühzeitiger das Gefühl wahrnehmen, eigentlich genug zu haben und bereits satt zu sein!

6. Was Rohkost bieten kann

Eine allgemeine Folge von Rohverzehr ist: es wird weniger gegessen! Das Risiko, zuviel zu essen, wird auf natürliche Weise - besser: auf von der Natur gewollte Weise - gebremst. Überverzehr ist mit Rohkost einfach unmöglich!

An diesem Effekt sind die Ballaststoffe nicht unerheblich beteiligt. Von nativen, nicht erhitzten Ballaststoffen ist bekannt, daß sie infolge starken Quellens den Darm stärker füllen, zu erhöhter Sekretion und zu vermehrter Bildung von wasserhaltiger Stuhlmasse anregen.

Die Abbildung 1 gibt die unterschiedlichen Stuhlmengen nach Verzehr von vier verschiedenen Zubereitungen des Getreides wieder.

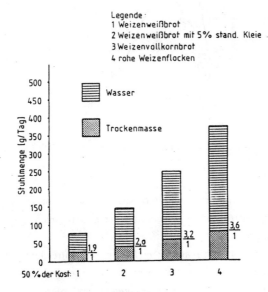

Legende :
1 Weizenweißbrot
2 Weizenweißbrot mit 5 % stand. Kleie
3 Weizenvollkornbrot
4 rohe Weizenflocken

Abb. 1: Stuhlbeschaffenheit
in Abhängigkeit von der Zubereitung
Humanversuch

Links das Weißbrot, bringt die kleinste Menge, das Vollkornbrot Nr. 3 etwa die dreifache Menge, aber dasselbe Getreide unverbacken und roh verzehrt (ganz rechts) in Form von rohen, nicht erhitzten Flocken die vier- bis fünffache Menge weichen Stuhls.

Nach Verzehr derselben Brote und rohen Flocken ergibt sich die in Abb. 2 wiedergegebene Belastung des Blutzuckers im Humanversuch. Der Brot- bzw. Getreideanteil betrug 50 % der gesamten Nahrungsaufnahme. Anstieg und Abfall sind nach Zucker als Vergleich am steilsten und unter den Ausgangswert am meisten absinkend, weniger steil bei den verschiedenen Brotarten und am langsamsten ansteigend und ohne Abfall nach den rohen Flocken.

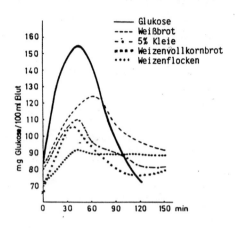

Abb. 2: **Kapilläre Blutzucker - Belastung**
(GTT)

Das größere Darmfüllungsvermögen unterstützt die größere und schnellere Sättigung, obwohl quantitativ weniger kalorienreiche Nahrung gegessen wurde.

Etwas ähnliches ist vom Apfel bekannt: Der Rohverzehr eines mittelgroßen Apfels dauert ein paar Minuten; der gleiche Apfel, zu Mus zerrieben, noch nicht eine Minute, und als Saft getrunken ein paar Sekunden. Als Folge dieser unterschiedlichen Nahrungsaufnahme desselben Produkts resultieren große Unterschiede im Blutzuckeranstieg: schnell und hoch nach Saft, langsam und niedrig nach dem ganzen Apfel! Und zu weiteren Folgen gehört, daß der Insulinbedarf nach Saft erheblich höher ist als nach dem roh verzehrten Apfel. Das sind kleine, bisher übersehene Tatsachen, die die Bedeutung von unerhitzter roher Nahrung unterstreichen.

Der in unserer Kost vernachlässigte Rohverzehr bietet noch weitere Vorteile. Neben den bekannten Vitaminen gibt es noch Inhaltsstoffe von vitaminähnlicher Bedeutung. Dies trifft für einige, in verschwindend kleinen Mengen in Pflanzen vorhandene Inhaltsstoffe zu, die sich durch antibiotische Wirkungen auszeichnen. Damit ist eine Hemmung des Wachstums von Mikroorganismen und eine Erschwerung ihres Eindringens durch die Schutzbarrieren unseres Immunsystems gemeint. 70 % des ganzen körpereigenen Abwehrsystems gegenüber körperfremden Eiweiß und Fremdstoffen befinden sich im Darm.

7. Lebensmittel mit antibiotischer Wirkung

Knoblauch, Zwiebel	enthalten Allicin
Meerrettich, Kresse, Senf, Zwiebel	
Knoblauch, Lauch, alle Kohlarten	enthalten Senföle
Obst, Gemüse, Getreide	enthalten Flavonoide, Phenolkarbonsäuren
Weizen	enthalten Purothionine
alle Kohlarten	enthalten Thiocyanate

Da viele dieser Substanzen hitze- oder oxydationsempfindlich sind, bedeutet Kochen eine Einschränkung ihrer möglichen Hilfen und damit eine Schwächung der Immunabwehr. Sie ist in der zivilisierten Ernährung ohnehin oft geschwächt durch

Mangel an Wirkstoffen, insbesondere Risikovitaminen und Spurenelementen, Nährstoffüberlastungen, d.h. zu hohe Aufnahme von tierischem Eiweiß, Fett, Zucker und Salz,
zu wenig Ballaststoffe,
quantitativ und qualitativ geschwächte Darmflora,
verschiedene Medikamente, Krebsbestrahlung.

Hoher Frischverzehr bezieht sich auf Gemüse, Früchte (Obst, Nüsse u.a.) und Kräuter, also von der Natur gebotene Lebensmittel. Je mehr sie durch technische Prozesse verändert werden, erleiden sie Einbußen an ihrem biologisch höchstmöglichen Wert. Mit technischen Prozessen sind gemeint: Schälen, lagern, konservieren, erhitzen, extrahieren, extrudieren, bleichen, isolieren u.v.a.

Im Anfang der wissenschaftlichen Ernährungslehre war der Mensch tatsächlich der Meinung, es handele sich beim Kochen und der modernen Prozeßtechnik um eine Verbesserung im Sinne einer Veredlung der Nahrung. Damals stand die Menschheit unter dem Eindruck der großen gesundheitlichen Gefahren durch die gerade neu entdeckten Bakterien. Um sich vor Ansteckungsmöglichkeiten zu schützen, war die Empfehlung naheliegend, vor Rohverzehr zu warnen und statt dessen mehr zu kochen. Man wußte damals noch nichts von Vitaminen, Ballaststoffen, sekundären Pflanzenstoffen u.a., d.h. man wußte nicht, daß mit dem Kochen nicht nur Vorteile, sondern auch Nachteile erkauft werden.

Hier ist nun ein Einwand zu erwarten: Ist denn die bakterielle Gefahr heute nicht mehr? - Natürlich besteht sie nach wie vor. Wir leben in einer Welt von Bakterien und Mikroben: unser menschlicher Körper beherbergt mehr Bakterien als eigene Körperzellen. Allein im Mund beherbergt jeder Mensch Millionen von Bakterien, und trotzdem küssen sich die Menschen. Es gibt nämlich nicht nur krankmachende, sondern weit mehr wohltätige Bakterien!

8. Stärkung der Immunabwehr

Der Mensch verfügt über verschiedene Sicherheiten, die ihn vor bakterieller Invasion in das Körperinnere schützen. Neben der Magensäure, welche die Hauptvernichtung aller unerwünschten Eindringlinge besorgt, ist es das vielgestaltige Immunsystem: im Darmlumen befinden sich frei bewegliche Freßzellen (Fagozyten), auf der Oberfläche der Darmschleimhaut festsitzende unschädliche Bakterien, die verhindern, daß sich unerwünschte Bakterien festsetzen, und in der Darmschleimhaut Lymphknoten, um gefährliche Substanzen abzufangen.

Die Natur hat also den Menschen mit einem vielfältigen Schutzsystem vor unerwünschter bakterieller Infektion ausgestattet. Es ist die Aufgabe des Menschen, dieses System zu stärken und nicht zu schwächen. Eine Stärkung der Immunabwehr kann dadurch erreicht werden, daß

ein Mangel an Vitaminen und vitaminähnlichen Stoffen vermieden wird, genügend Ballaststoffe aufgenommen werden, um die Darmflora qualitativ und quantitativ zu kräftigen; denn eine gesunde Darmflora gehört zu den wichtigsten Unterstützern der Immunabwehr.

Das alles zusammen deutet darauf hin, daß mit Frischkost mehr zum Schutz der Gesundheit beigetragen werden kann als mit Kochkost. Eine starke Immunabwehr erstreckt sich dann nicht nur auf den Darmbereich, sondern auch auf Mund und Atemwege.

Auf sorgfältige Reinigung ist besonders zu achten. Nicht jedes Gemüse ist zum Rohverzehr geeignet.

Um sich also etwas vollwertiger als bisher zu ernähren, könnte empfohlen werden, etwas rohe Frischkost in den täglichen Speiseplan aufzunehmen. Für den Anfang würde sich dafür ein Frischkornmüsli eignen, z.B. als Ersatz für das herkömmliche Brötchenfrühstück, sowie ein Salatteller vor der Hauptmahlzeit. Das "vor" hat seine Gründe: wer sich erst den Magen mit bequem zu schluckender Kochkost vollschlägt, hat keine Antenne mehr für die zarten Aroma- und Duftstoffe von Rohkost und erst recht keine Lust, am Schluß der Mahlzeit noch einmal seine Kauorgane anstrengen zu müssen.

Vergleich
zwischen Frischkornmüsli und herkömmlichem Frühstück

herkömmliches Frühstück	Frischkornbrei (Müsli)
Brötchen, Aufstrich, Wurst, Käse	eingeweichte Flocken oder Getreideschrot, angekeimte Körner
Marmelade	frische Früchte der Jahreszeit, evtl. Trockenfrüchte, Nüsse
Kaffee, Sahne, Zucker	Milch

ü b e r w i e g e n d

erhitzte, "tote" Nahrung	frische, naturbelassene, "lebende" Nahrung

Aufnahme von

wenig	Vitaminen	viel
wenig	Mineralstoffen	viel
wenig	Ballaststoffen	viel
viel	Energie (Kalorien)	wenig
erheblich	Kochsalz	frei
wenig	z.B. Fluor	mehr
träge	Verdauung	angeregt

Zu angenehmen Folgen einer solchen kleinen Mahlzeitänderung könnten gehören:

> weniger Ermüdung nach der Mahlzeit
> stärkere Anregung der Verdauungsorgane
> Erleichterung beim Stuhlabsetzen
> geringerer Blutzuckeranstieg
> geringerer Insulinbedarf

sowie bessere Vorbeugung gegen

> Übergewicht und seine Folgen, Karies, Diabetes,
> Verstopfung und ihre Folgen u.v.a.

Von selbst würde dabei der riskant überhöhte Verzehr von Fleisch, Wurst, Fett, Kochsalz und Zucker eingeschränkt werden. Und daß eine vollwertige Ernährung sich praktisch zum gleichen Preis realisieren läßt, zeigt nachstehende Abbildung.

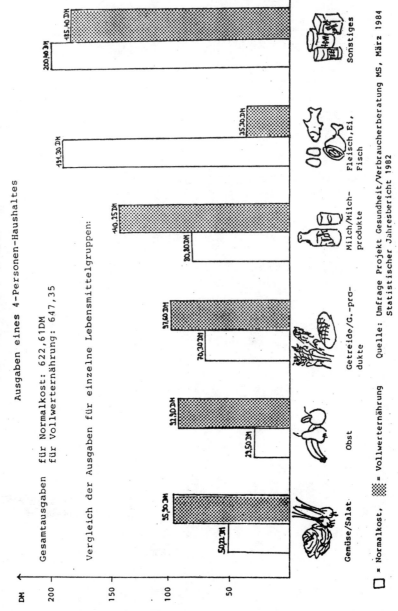

Ist eine gesunde Ernährung wirklich teuer?

Ausgaben eines 4-Personen-Haushaltes

Gesamtausgaben für Normalkost: 622,61DM
für Vollwerternährung: 647,35

Vergleich der Ausgaben für einzelne Lebensmittelgruppen:

□ = Normalkost, ▓ = Vollwerternährung

Quelle: Umfrage Projekt Gesundheit/Verbraucherberatung MS, März 1984
Statistischer Jahresbericht 1982

Zur Sozialpsychologie des Essens und Trinkens

Walter Feldheim

In jedem Jahr werden beim Welternährungstag die vielen ungelösten Probleme der Ernährung auf der Erde für ein paar Stunden in das öffentliche Bewußtsein gerückt: neben drückender Not, unzureichender Ernährung und als Folgen davon Mangelkrankheiten in vielen Entwicklungsländern - Überfluß, Überernährung und den Folgen in den meisten Ländern der westlichen Welt, also auch bei uns. Und um die Leibesfülle, um den dicken Bauch soll es in diesem Vortrag gehen; im Vergleich dazu natürlich auch um den Normalgewichtigen und um den zu dünnen Menschen und Untergewicht.

Umfragen haben ergeben, daß bei uns jeder zweite Erwachsene mindestens einmal in seinem Leben versucht hat, sein Körpergewicht herabzusetzen, also abzuspekken. Oft wird hierzu eine "Wunderkur" verwendet, in der versprochen wird, daß ohne Mühe das Übergewicht verschwinden würde. Für diesen Zweck gibt es spezielle Speisepläne, besondere Lebensmittel bis hin zu den Kurheimen und Kreuzfahrten für Kalorienbewußte, bei denen dann für teures Geld eine sehr magere Kost verabfolgt wird und der Urlaubserfolg nicht in den Pfunden, die man normalerweise auf einer solchen Reise zulegt, sondern in der Gewichtsabnahme gemessen wird.

Die Erkenntnis, daß eine zu reichhaltige Nahrungsaufnahme ungesund ist und nachteilige Folgen hat, ist eigentlich schon sehr alt. Ich möchte hierfür als Kronzeugen den berühmten Arzt Paracelsus zitieren, der dozierte: Iß in der Jugend soviel du kannst, im Erwachsenenalter soviel Du mußt und als alter Mensch so wenig du kannst.

Der junge, wachsende Organismus benötigt Nahrung zum "Betrieb" des Körpers und außerdem für den Aufbau neuer Körpersubstanz etwas Nahrung mehr, damit das Körpergewicht regelmäßig ansteigen kann. Ist die Wachstumsphase beendet, muß das Gewicht gehalten werden; es sollte nur soviel gegessen werden, wie zur Leistung und Erhaltung des Körpers erforderlich ist - nicht mehr. Der ältere Mensch, meist nicht mehr so arbeitsaktiv, benötigt weniger Nahrung, um sein Gewicht zu halten, er muß weniger essen, er sollte nach Möglichkeit sein Gewicht reduzieren.

Sicher ist der Satz: Iß in der Jugend soviel Du kannst, heute nur noch mit Einschränkung gültig. Damals standen nicht immer genügend Lebensmittel zur Verfügung. Heute, im Nahrungsüberfluß, essen Jugendliche oft mehr als es richtig ist, der steigende Anteil an Übergewichtigen in dieser Altersgruppe beweist dies.

Wie stellt man überhaupt fest, ob eine Person zu dick ist oder zu dünn oder gerade das richtige Gewicht hat?

Das kann man bei sehr Dicken oder sehr Dünnen schon vom Anblick feststellen. Dies ist natürlich keine exakte Methode. Durch Messung von Bauchumfang, Brustumfang, Armumfang oder von der Dicke bestimmter Hautfalten unter Beziehung auf die vorhandene Körpergröße kann man genauere Aussagen machen. Hier lassen sich auch bestimmte Normen und Grenzbereiche erarbeiten. Dies ist objektiver als eine subjektive Einschätzung, wobei der eine das gerade noch schön rund findet, während jemand anders bereits sagt, das ist ja viel zu fett, das mag ich nicht.

Auch die Beziehung zwischen Körpergröße und Gewicht läßt sich zur Beurteilung heranziehen. Am häufigsten verwendet wird die Formel von Broca für die Ermittlung des sogenannten Normalgewichts. In einem bestimmten Bereich um diesen Wert herum sollte bei einer bestimmten Körpergröße das Körpergewicht liegen.

> Größe in cm - 100,
> also z.B. 180 cm - 100 = 80 kg
> =====

Wenn ein 180 cm großer Mensch <u>mehr</u> als 80 kg wiegt, hat er auf jeden Fall Übergewicht und sollte abnehmen.

Noch besser ist es, wenn man das sogenannte Idealgewicht anstrebt, das ist

> bei Männern um 10 % und bei Frauen um 15 %

niedriger als der oben genannte Wert

z.B. 80 - 8 = 72 kg (Mann)   z.B. 80 - 12 = 68 kg (Frau)
======   ======

Eine zweite empirische Berechnungsmöglichkeit, die sich allmählich durchsetzt, ist auf den ersten Blick etwas komplizierter

$$\text{Normalgewicht} = \frac{\text{Körpergewicht (kg)}}{\text{Körpergröße}^2 \ (m^2)}$$

also für unser Beispiel 80/1.8 x 1.8 = 80/3.24
$$= 24.7$$

Wenn die errechnete Zahl unter 25 liegt (für das Beispiel trifft dies, wenn auch gerade noch, zu) ist das Körpergewicht in Ordnung, also normal. Liegt der Quotient aus Körpergewicht: Quadrat der Größe aber höher, bei 28 oder gar 30, so ist das für Übergewicht typisch. Diese magische Grenze von 25 gilt für alle Größenbereiche, die erhaltenen Zahlen geben das Ausmaß des Übergewichts an.

Welche Rolle hat nun das Übergewicht z.B. bei der Zusammensetzung des Körpers? Die Abb. 1 zeigt einen "Bezugsmann" von 65 kg. Die "Analyse" seiner Zusammensetzung zeigt, daß er zu etwa 2/3 aus Wasser besteht. Der Anteil an Eiweiß beträgt 11 kg oder 17 % der Körpermasse. Fett ist mit 9 kg oder 13 - 14 % im Körper enthalten. Der Anteil an Kohlenhydraten und Mineralstoffen ist gering. Man hört manchmal von Übergewichtigen, daß sie der Meinung sind, sie hätten so schwere Knochen. Selbst wenn der Mineralstoffanteil von 4 kg etwas überschritten wäre, so kann man damit höchstens 1 oder 2 kg, aber nicht 10 kg oder mehr an Übergewicht erklären.

Die angegebenen Werte entsprechen der Körperzusammensetzung eines normalgewichtigen Erwachsenen. Steigt das Körpergewicht an bis hin zum Übergewicht, so bedeutet dies eine Vermehrung des Körperfettanteils, der bis zu 70 % der Körpermasse ausmachen kann. Durch die Bestimmung des Fettanteils ist eine weitere Definition für Übergewicht möglich, und zwar gilt ein Mann als übergewichtig, dessen Körper einen Fettanteil von mehr als 20 % aufweist. Für Frauen liegt diese Grenze zum Übergewicht bei 30 %.

ZUSAMMENSETZUNG DES MENSCHLICHEN KÖRPERS

Bezugsmann 65 kg

in %
Wasser
61,6 %
Protein
17 %
Fett
13,8 %
Kohlenhydrate
1,5 %
Mineralstoffe
6,1 %

in kg
Wasser
40 kg
Protein
11 kg
Fett
9 kg
Kohlenhydrate
1 kg
Mineralstoffe
4 kg

Von den 9 kg Fett bei einem 65 kg schweren Mann bilden 8 kg die Fett-(Energie)-Reserve des Körpers. Diese Bestände sorgen dafür, daß wir nicht ständig Nahrung aufnehmen müssen. Die für den Betrieb des Körpers notwendige Energie wird dann vom Fettgewebe zur Verfügung gestellt. Die Fettreserve hat also als Energiespeicher eine wichtige biologische Funktion. In früheren Zeiten war nicht während des gesamten Jahres der Tisch jeden Tag reichlich gedeckt; Zeiten des Überflusses, besonders nach der Erntezeit oder wenn ein jagdbares Tier erlegt war, wechselten mit Zeiten des Mangels vor der Ernte oder bei Mißernten ab. Hier hatte der die besten Chancen zu überleben, der in der Lage war, Energievorräte -also Fettspeicher- im Körper für die Zeiten der Not anzulegen. Fett hat unter den Nährstoffen den höchsten Brennwert, ist also der effektivste Energiespeicher. Mit 1 kg Fettgewebe werden 6000 - 7000 kcal zur Verfügung gestellt.

Eine starke Verminderung des Fettanteils führt zu Untergewicht. Untergewichtige Personen haben einen sehr geringen Fettanteil. Die Bezeichnung "Haut und Knochen" zur Charakterisierung einer Person bedeutet ja, daß das Unterhaut-Fettgewebe fast verschwunden ist. Untergewicht spielt bei uns nur eine geringe Rolle; gelegentlich wird es bei Mädchen und jungen Frauen festgestellt. Die Ursache hierfür ist meist in extremen Ernährungsgewohnheiten zu suchen.

Demgegenüber ist der Anteil an Übergewichtigen in der Bevölkerung sehr hoch. Mehr Übergewichtige als dem Durchschnitt entspricht, findet man bei Frauen und älteren Menschen. Untersuchungen in Kindergärten und Schulen zeigen aber, daß auch in diesen Altersgruppen die Zahl der Übergewichtigen im Zunehmen begriffen ist.

Es ist interessant, das gesellschaftliche Ansehen des Dicken und des Dünnen zu analysieren. Wenn wir das Zitat "Laßt dicke Männer um mich sein!" zuerst betrachten, so wird die körperliche Schwerfälligkeit des Dicken als gutmütig und harmlos eingestuft, man traut ihnen nichts Böses zu. In Notzeiten, bei Nahrungsmangel, gilt der Dicke sogar als Vorbild. Hier wird der volle Bauch als Symbol für einen gewissen Wohlstand, für eine erfolgreiche Tätigkeit gewertet, während die weniger Erfolgreichen abnehmen müssen. Das ist etwa die Situation, in der sich Bundeskanzler Erhard mit seiner Statur befunden hat. Man traute ihm etwas zu, sein Körpergewicht wurde mit seinem politischen Gewicht und Erfolg bei der Führung der Regierungsgeschäfte gleichgesetzt. Auch in der wilhelminischen Zeit mußte ein erfolgreicher Unternehmer auch mit einer gewissen Leibesfülle seine Bedeutung demonstrieren. Er konnte es sich nicht leisten, wie ein Hungernder auszusehen.

In der Mitte des vorigen Jahrhunderts fand der englische Forschungsreisende Spekes auf dem Wege zu den Quellen des Nils Negerstämme, die die fette Frau als Schönheitsideal verehrten. Er versuchte, die Körpermaße einer Schönheit festzustellen; diese war so fett, daß sie sich nur auf allen Vieren bewegen konnte, was besonders bei der Messung der Körpergröße zu Schwierigkeiten führte.

Wir finden die dicke Frau als Schönheitsideal heute noch im Orient. Auch hier ist das wieder mit dem Erfolg, diesmal dem Erfolg des Mannes, verbunden, der es sich leisten kann, die Frau nicht arbeiten zu lassen.

Heute sind bei uns Übergewichtige lange nicht so gut angesehen. Sie gelten als schwerfällig und unbeholfen. Es wird empfohlen, Tabletten einzunehmen, um das Körpergewicht zu reduzieren.

Der Übergewichtige ist z.B. beim Bergsteigen lange nicht so tüchtig wie sein schlanker Begleiter. Er muß ja zu seinem "Normalgewicht" immer noch ein zusätzliches Gepäck mit sich herumschleppen. Bildlich gesprochen muß ein Übergewichtiger alle Tätigkeiten mit einem oder zwei Koffern "Gepäck" verrichten. Das erfordert mehr Leistung und führt eher zur Erschöpfung.

Auch die Dünnen kommen nicht gut weg. Sie gelten als nervös und wenig belastungsfähig. Die Zeiten des Schönheitsideals "Twiggy" sind wohl endgültig vorbei.

Es stellt sich jetzt die Frage, ob man es nicht jedem selbst überlassen sollte, sein Körpergewicht zu bestimmen, d.h., ob man als Dicker, Dünner oder Normalgewichtiger durchs Leben laufen sollte. Es gibt jedoch viele Hinweise darauf, daß ein hohes Körpergewicht gefährlich ist. Dicke gehen ein höheres Risiko ein, wie Untersuchungen von Lebensversicherungen und Krankenkassen berichten.

Durch Übergewicht wird die Häufigkeit des Auftretens bestimmter Krankheiten erhöht.

Vermehrt ein Erwachsener im Laufe seines Lebens das Körpergewicht um nur ein Kilo pro Jahr (und das sind auf den Tag gerechnet 3 g!), so steigt sein Gewicht in 20 Jahren um 20 Kilogramm!

Im Vergleich zum Normalgewichtigen muß der Übergewichtige diese 20 kg ständig mit sich herumschleppen, er belastet damit sein Knochensystem stärker. Dies führt zu einer stärkeren Abnutzung und zu Schäden im Alter. Die Organe des Körpers haben mehr Gewebe zu versorgen, sie werden ebenfalls stark überfordert und die Möglichkeit zu einer "Entgleisung" des Stoffwechsels nimmt zu - Zuckerkrankheit oder Gicht, Hochdruck und Gallenerkrankungen sind beim Übergewichtigen häufiger - der Körper schafft es einfach nicht mehr. Natürlich kann auch ein Normalgewichtiger an diesen Krankheiten leiden, aber bei Übergewichtigen ist die Wahrscheinlichkeit des Auftretens der Krankheit größer. Der Anteil an Diabetikern unter der Bevölkerung liegt heute bei 2 - 3 %. Er lag vor 30 Jahren, als die

Deutschen alle noch schlank waren, bei 0,3 %. Im Anfangsstadium der Zucker-krankheit reicht manchmal eine "Behandlung" in Form einer Reduktion des Übergewichts durch Diätmaßnahmen aus, um die Situation wieder zu normalisie-ren. Übergewichtige haben demzufolge einen höheren Krankenstand als Normal-gewichtige, sie werden häufiger Frühinvalide und haben eine geringere Lebens-erwartung. Sie belasten die Allgemeinheit mit höheren Ausgaben. Da aber diese Folgen einer falschen Ernährung erst im Alter sichtbar werden, ist es sehr schwer, einem Übergewichtigen die späteren Folgen seiner Ernährungsweise so klar zu machen, daß er eine vernünftige, mäßige Ernährung in seinen "besten" Lebens-jahren einhält.

Bereits in dem 1969 erschienenen ersten Ernährungsberichten der Bundesregierung hat man die Öffentlichkeit auf die Zusammenhänge zwischen dem Auftreten bestimmter Krankheiten und falscher Ernährung hingewiesen. Die Ernährungssi-tuation in der Nachkriegszeit kennzeichnet ein Zeitungsausschnitt aus der Kasseler Allgemeinen Zeitung aus dem Jahr 1948: 265 g Fett und 1500 g Zucker als Monatsration. Heute stellen wir fest, daß männliche Erwachsene diese Fettmenge in 2 Tagen konsumieren (130 g Fett/Tag)!

Interessant ist eine Gegenüberstellung als Nahrungskorb aus dem Jahre 1948 und 25 Jahre später, aus dem Jahre 1973. Im Speisezettel des Normalverbrauchers finden wir 1948: 9 g Fett und 14 g Fleisch für den Tag, man versuchte, von Kartoffeln und Brot satt zu werden. 25 Jahre später ist der Verbrauch von Brot und Kartoffeln stark zurückgegangen; dagegen hat der Verzehr von Fett, Fleisch- und Wurstwaren sowie Milchprodukten gewaltig zugenommen. Wenn beide Abbildungen verglichen werden, so findet man, daß trotz eines großen Unterschieds in der Energie (Kalorien)-Aufnahme die Menge (in g) an Nahrung fast gleichgeblieben ist. Lebensmittel mit geringer Energiedichte wurden durch eine Kost mit einem hohen Energiegehalt ausgetauscht. Die Lebensmittel wurden energie-kompakter und brachten mehr Kalorien bei gleichem Gewicht.

Im Laufe der Jahre sind die Lebensmittel so immer konzentrierter geworden, das Nahrungsvolumen ist geschrumpft, die meisten Verbraucher essen aber immer noch die gleiche Menge an Nahrung.

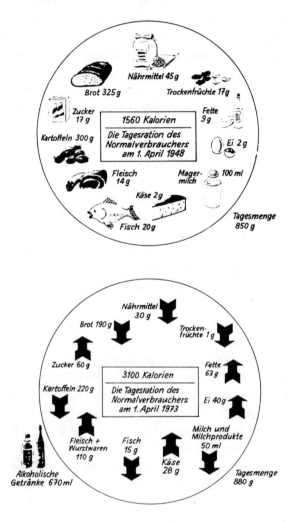

Außerdem ist zu berücksichtigen, daß wir in allen Bereichen unseres Lebens eine Erleichterung der Arbeit erfahren haben, die zu einem geringeren Bedarf an Energie führte. Es gibt kaum noch Schwerstarbeit, abgesehen von Leistungssportlern. Auch im Haushaltsbereich hat sich vieles verändert. Das Betreiben der Heizung zum Beispiel, früher mit dem Kohleofen aus dem Keller beginnend, mit der Versorgung und der Reinigung der Öfen, ist im Aufwand zu einem Knopfdruck oder Reglereinstellen reduziert worden.

In allen inzwischen erschienenen Ernährungsberichten findet man immer wieder die Empfehlung, die Energieaufnahme mit der Nahrung einzuschränken, um der Verbreitung des Übergewichts entgegenzuwirken. Die Verbrauchsstatistik zeigt allerdings, daß der Energiekonsum (und damit die Zahl der Übergewichtigen) bei uns immer noch im Steigen ist.

Wieviel an Energie, an Kalorien sollte man eigentlich mit der Nahrung zu sich nehmen? Es gibt sehr komplizierte Methoden, mit denen man den Energiebedarf des Körpers für den Betrieb (Atmung, Verdauung, Gehirntätigkeiten usw.) und Leistung (körperliche Arbeit) exakt messen kann. Ein ganz einfaches Verfahren für jedermann beruht auf der täglichen Gewichtskontrolle. Diese Methode basiert auf der Überlegung, daß ein Zuviel an Nahrung zu Übergewicht und ein Zuwenig zu Untergewicht führt. Jeder, der nach Feiertagen auf der Waage sein Gewicht beobachtet, stellt fest, daß Gänsebraten und Weihnachtsgebäck sich deutlich als Gewichtszunahme bemerkbar machen, während Fasten oder "leichte Kost" durch Verbrauch von Körperfettreserven zu einer Abnahme führen. Gewichtskonstanz bedeutet, daß die zur Erhaltung und Leistung notwendige Energie mit der Nahrung aufgenommen wurde.

1 kg Fettgewebe stellt eine Energiereserve von 6000-7000 kcal. dar. Wenn man also am Tag 500 kcal einspart, an Stelle von 2200 kcal 1700 kcal verzehrt - was den meisten ohne Anstrengung möglich wäre - verliert man in 2 Wochen etwa 1 kg Körpergewicht. Dies geht den meisten nicht schnell genug und sie greifen deshalb gerne zu den Wunderkuren, die einen Gewichtssturz innerhalb kurzer Zeit versprechen.

Interessanterweise findet man Aufforderungen zur Teilnahme an diesen Kuren in den ersten Monaten des Jahres. In dieser Zeit ist die Bereitschaft hierzu besonders groß. Mit Schrecken wird die während der Winterzeit angesammelte Speckmenge bemerkt, man denkt bereits an das Faschings- oder Badekostüm.

Die Grundlage der als Wunderkuren angepriesenen Diäten zur Gewichtsreduktion ist nicht einheitlich. Oft sind bestimmte Nahrungsmittelgruppen verboten, während andere im Überschuß verzehrt werden können. Hieraus läßt sich eine gewisse Imbalanz in der Zufuhr der Nährstoffe erkennen, die eine schlechtere Verwertung des Verzehrten nicht ausschließt. Auf jeden Fall kommt es jedoch nach der Umstellung der Kost zu einer starken Wasserausscheidung über den Urin, die zu einem Abfall der Gewichtskurve führt. Leider ist bei der Rückkehr zu den alten Eßgewohnheiten nach kurzer Zeit das alte Gewicht wieder erreicht. Diese Wunderkuren sind auch oft nicht harmlos und belasten den Körperstoffwechsel. Eine richtige Ernährungsweise wird meist nicht erlernt. Man sollte es deshalb durch ein richtiges Ernährungsverhalten gar nicht erst zur Entstehung von Übergewicht kommen lassen.

Die Regeln für eine richtige Ernährungsweise, die zur Erhaltung von Gesundheit und Leistungsfähigkeit bis in das hohe Alter führt, sind eigentlich beschämend einfach:

Die tägliche Nahrung sollte außer der gerade notwendigen Energie reichlich alle die Stoffe enthalten, die für den Körper lebensnotwendig sind, wie Vitamine oder Mineralstoffe. Da es kein Lebensmittel gibt, das alle diese Verbindungen enthält, ist eine vernünftige gemischte Kost, die aus möglichst verschiedenen Lebensmitteln abwechslungsreich zusammengestellt wird, die empfehlenswerte Lösung. Wieviel an lebensnotwendigen Stoffen aufgenommen werden soll, ist von verschiedenen Bedingungen abhängig. Empfehlungen für die wünschenswerte Höhe der Aufnahme findet man in den Schriften und Tabellen der Deutschen Gesellschaft für Ernährung.

Wie schon früher erwähnt, ist der Fettanteil in unserer Nahrung zu hoch, dagegen werden zu wenig Kohlenhydrate (besonders komplexe Kohlenhydrate) verzehrt, der Zuckerverbrauch sollte auf ein vernünftiges Maß herabgesetzt werden. Bei der Eiweißzufuhr hätte man gern einen höheren Anteil an Protein aus pflanzlichen Produkten. Durch die stärkere Hervorhebung des pflanzlichen Anteils der Kost erzielt man auch eine Reduktion des Fettanteils und damit der Energiedichte. Dagegen würde das Nahrungsvolumen heraufgesetzt, die Zufuhr an Ballaststoffen wird verbessert.

Es ist immer noch üblich, die Nahrung auf drei große Mahlzeiten: Frühstück, Mittagessen und Abendbrot zu verteilen. Es hat sich gezeigt, daß es günstiger ist -bei gleicher Energieaufnahme- mehrere kleine Mahlzeiten zu verzehren, um den Hunger nicht zu groß werden zu lassen. Wenn man abnehmen möchte und weniger Kalorien verzehrt als der Körper benötigt, empfiehlt sich in jedem Fall die Einführung von "Zwischenmahlzeiten".

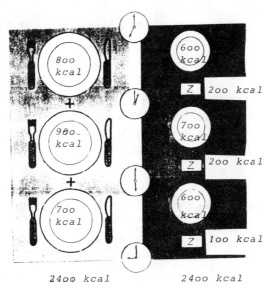

2400 kcal   2400 kcal

Mahlzeit und Zwischenmahlzeit

Bei der Berechnung der Nahrungskalorien wird häufig der Alkohol vergessen. 1 g Alkohol liefert 7 kcal, fast soviel wie Fett! Es wäre wenig realistisch, den Alkoholkonsum ganz zu verbieten, man sollte aber daran denken, wieviel Kalorien man sich mit einem Glas Bier (0.2 l : 50 kcal) oder Wein (o.1 l : 60 kcal) oder einem Schnäpschen (0.02 l : 50 kcal) zuführt. Tee (ohne Milch und Zucker, 0 kcal) löscht den Durst ebenfalls!

Die meisten von uns haben noch die Zeit erlebt, in der man froh war, wenn man eine dicke Scheibe Brot mit wenig Wurst zur Sättigung hatte. Inzwischen ist die Scheibe Brot immer dünner und der Belag immer dicker geworden. Sorgen wir dafür, daß Brot und Belag in einem richtigen Verhältnis zueinander stehen. Das sättigt genauso und spart Kalorien.

50 g Brot	110 kcal		80 g Brot	175 kcal
+50 g Wurst	210 kcal		+20 g Wurst	82 kcal
100 g haben	320 kcal		100 g haben	257 kcal

Die Regeln noch einmal kurz gefaßt:

Fett sparsam verwenden, fettarme Produkte bevorzugen! Komplexe Kohlenhydrate verwenden, Zuckerverbrauch einschränken! Als Eiweißträger in der Nahrung mehr pflanzliche Lebensmittel verwenden. Genug Vitamine und Mineralstoffe durch Vollkornprodukte, Obst und Gemüse zuführen!

Viele kleine Mahlzeiten sind besser als wenige große!
Den Alkoholkonsum mit in die tägliche Energieberechnung einbeziehen!

Wandlungen in den Verzehrsgewohnheiten bei Fleisch von 1945 bis zur Gegenwart

Irmgard Schön

Wandel in Zubereitungsmethoden, Verzehrsgewohnheiten und in der Nachfrage

Zubereitungsmethoden und Verzehrsgewohnheiten konnten sich zunächst nur am Mangel orientieren und Ergebnis der Nachfrage bildeten amtliche Zuteilungsmengen. Fleischqualität im Sinne damaliger Verbraucherwünsche war nur selten realisierbar, denn die Schlachttiere waren zumeist unzureichend ausgemästet und fettes Schweinefleisch sehr knapp.

Strecken war allseits die Devise. Gebratenes oder gekochtes Fleisch wurde mit viel Soße zubereitet, um mehrere Mahlzeiten daraus zu machen. Gulasch gab es in besonders vielen Variationen; Fleischsoße wäre zumeist die treffendere Bezeichnung gewesen. Frikadellen, Bratklopse, Bouletten oder wie immer die regionalen Namen für die verlängerten Hackfleischprodukte lauteten, bestanden zum größeren Teil aus Brot, Kartoffeln, Haferflocken, Reis, Grütze, Grieß oder Gemüse. Eine Vielzahl von Rezepten beinhalteten Empfehlungen, wie die Streckmittel zur Steigerung des Genußwertes zu behandeln sind. Der "Bratling", ganz ohne Fleisch, vermochte, sofern er knusprig in Fett gebraten war, Fleischassoziationen zu wecken. Der Gemüsebratling, damals Fleischersatz, ist heute zum salonfähigen Modeprodukt avanciert. Hätte man es damals nur gewußt! Besonders gefragt waren markenfreie Schlachtnebenprodukte. Dazu zählten Blut, Knochen, Wurstbrühe und Abschöpffett oder markenreduziert Fleischknochen, Rippchen und Innereien.

Blut wurde mit Milch (so man hatte) und Gewürzen vermischt in der Pfanne oder im Bratrohr gebacken und zu Kartoffeln gegessen. Aus Wurstsuppe oder Knochenbrühe wurden unter Zugabe von Hülsenfrüchten, Graupen oder Kartoffeln phantasievolle Eintopfvariationen gekocht. Vielfach waren die Suppen völlig fleischlos und es galt schon als besondere nährstoffmäßige Anreicherung und Geschmackskrönung, wenn etwas Fett, gebratener Speck oder wenigstens eine Speckschwarte zugesetzt werden konnte.

Die nachstehenden Sparrezepte wurden sogar in ein neueres Kochbuch aufgenommen (1):

Schweinejung

1 kg Bauchrippchen, 1 Zwiebel, 1 TL Salz, 1 TL Pfeffer, 2 TL Mehl, Schweineblut

Die gewaschenen Bauchripple werden mit einer Zwiebel, etwas Pfeffer und Salz mit Wasser bedeckt weichgekocht. Die entstandene Brühe wird mit 2 Eßlöffeln in Wasser angerührtem Mehl gebunden und aufgekocht. Sodann nimmt man den Topf vom Feuer und rührt das Schweineblut darunter.

Gebackenes Blut

1 l Schweineblut, 1 Tasse Milch, Majoran, Salz, Pfeffer, 50 g geschnittener Speck, 2 Zwiebeln, kleingeschnitten; evtl. geröstete Semmelbröckla

Zwiebel und Speck werden zusammen angebraten. Dann vermischt man alle weiteren Zutaten und bäckt sie in der Auflaufform in der Röhre. Dazu reicht man Salzkartoffeln.

Zu den Fleischgerichten zählte damals auch die "Schwarze Brühe", eine Soße aus Wurstbrühe und Blut oder günstigerenfalls mit ausgestreifter Blut- und Leberwurst. Die Auslagen in den Fleischerläden boten ein Spiegelbild des Mangels.

Obgleich diese Situation das ganze Land betraf, gab es in der Bewältigung des Fleischmangels traditionell bedingte, lokale Besonderheiten. Sofern Platz zur Verfügung stand, konnte die Fleischknappheit durch Kleintierhaltung teilweise gemildert werden. Das nötige Futter lieferten umfunktionierte Gärten oder Bahndämme, Abfallprodukte aus Brauereien und Mälzereien. Äußerst dürftig jedoch fielen die Fleischgerichte bei den Menschen aus, die in engsten Räumlichkeiten wohnend, sich ausschließlich mit den Zuteilungsmengen begnügen mußten.

Selbst im bäuerlichen Bereich kam es zu erheblichen Einschränkungen. Geschlachtetes mußte eine vorgegebene Zeit reichen und so wurde besonders die Wurst gestreckt. Noch 1949 erscheinen in dem Buch "Das Schlachten für den ländlichen Haushalt"(3) Sparrezepte wie z.B.

- Mettwurst mit Kartoffelzusatz
- Kartoffelmettwurst mit Milchzusatz
- Möhrenmettwurst
- Leberwurst mit Semmelzusatz
- Blutwurst mit Semmelzusatz und
- Grützwurst.

Als Fleisch in Stadt und Land wieder ausreichend zur Verfügung stand, überwog zunächst das Bestreben, Traditionelles, das heißt Vorkriegsrezepte in Umfang und Güte zumindest ab und zu ausgiebig zu genießen, ja sich daran satt zu essen. Das betraf vor allem den großen Braten oder das große Stück Fleisch zum Kochen. Daneben entwickelte sich in der Folgezeit viel Neues im Fleischangebot und in der Zubereitung, ohne Überliefertes oder Bodenständiges völlig verdrängen zu können. In der ständigen Wechselwirkung eines umfassenden Wandels in allen Lebens- und Wirtschaftsbereichen und analog rasch wechselnder Anforderungen an Fleisch in seinen vielfältigen originären oder zubereiteten Präsentationen vollzogen sich gleichermaßen Veränderungen in den Angebotsformen und Einkaufsgewohnheiten in der Endverbraucherstufe. Die Einflußursachen sind vielfältig und lassen sich nicht einer Rangfolge zuordnen.

Das Aufeinandertreffen unterschiedlichster Verzehrsgewohnheiten bei Fleisch kam erst voll zum Tragen, als der Fleischmangel überwunden war. Menschen aus den verschiedensten Gebieten des Ostens oder anderen Regionen wollten auf ihre traditionellen Fleischgerichte nicht verzichten und ansässige Geschäfte stellten sich auf diese Wünsche ein. Gleichermaßen gründeten Neubürger Metzgereien oder Fleischwarenfabriken und integrierten in ihr Angebot auch Heimatliches.
Verbesserung des Lebensstandards, allgemeine Erhöhung der Kaufkraft, Erleichterung körperlicher Arbeit in Haushalt und Beruf, zunehmende Berufstätigkeit der Frauen, Verlängerung der Freizeit, Mobilität an den Wochenenden, Reisetätigkeit, umfassendes Informations- und Bildungsangebot, Fernsehen, Festen und Parties und ein dieser Entwicklung angepaßtes Fleischangebot, z.B. mit vorgewürzten, marinierten, eingelegten Brat- und Grillartikeln, gefüllten Fleischteilstücken, pfannenfertigem Gulasch, Fleisch-/Teigkombinationen oder eine besonders attraktive Steakplatte, sowie vorgefertigte bzw. fertige Kühl-, Tiefkühl- und Dosengerichte verdrängten zunehmend früher weitgehend festgeschriebene, traditionelle, jedoch zumeist zeit- und arbeitsaufwendige Zubereitungsmethoden

bei Fleisch. Trotzdem wird in vielen Familien noch an den althergebrachten Fleischgerichten und am großen Sonntagsbraten festgehalten. So wird die Gans, frisch und im Ganzen gebraten noch immer höher eingeschätzt als Gänsefleisch von aufgetauten Teilen. Beim Ausprobieren neuer Fleischgerichte wird besonders dann viel Zeit und Geduld aufgewendet, wenn es um die attraktive Verwertung preiswerten Fleisches, von Innereien oder um Erlesenes geht. Kochen ist vielen zum Hobby geworden.

Diese Entwicklung ist längst nicht mehr nur die Domäne von Frauen. Der Einzug des Mannes in die Küche und an den Herd hat sich im positiven Sinne progressiv auf die Ideenvielfalt ausgewirkt, oft mit dem Ergebnis sehr genialer Fleischkompositionen. Ein immer wieder zu beobachtender Widerspruch: Männer kochen selbst gern raffiniert, bevorzugen aber "bekocht" eher deftige, einfache Fleischgerichte.

Die Verbesserungen von Umfang und Qualität der Fleischgerichte hatte zunehmend breitere Bevölkerungsschichten erfaßt. An den statistischen Verzehrsmengen ist diese Tendenz nur bedingt ablesbar, denn sie charakterisieren Durchschnittswerte. Innerhalb des pro Kopf und Jahr ausgewiesenen Verbrauchs dürfte gegenüber der Vorkriegszeit eine soziologische Umverteilung erfolgt sein. Gemessen an Mengenempfehlungen für Fleischgerichte in älteren Kochbüchern zum damaligen durchschnittlichen pro Kopf/Verzehr konnten sich wenige viel und viele sehr wenig Fleisch leisten. Häufigkeit und Umfang der Fleischgerichte im Speiseplan waren früher eine Art Gradmesser für den Wohlstand einer Familie. Standesunterschiede verdeutlichten auch getrennte Kochbücher für die "Feine Küche", "Bürgerliche Küche" und den "Arbeiterstand".

Nach 1945 unterlagen kulinarische Rangfolgen starken Wandlungsprozessen. Gewachsene, soziale Strukturen waren vielfach aufgelöst, die materielle Basis früher "Gutsituierten" oft entzogen oder es rückten andere Bedürfnisse in den Vordergrund, die den Stellenwert des Fleisches veränderten. Andererseits konnten sich mit dem erheblichen Anstieg von Löhnen und Kaufkraft und zunehmender Berufstätigkeit der Frauen einst sozial schwächere Bevölkerungsgruppen beachtlich mehr und vor allem auch solche Fleischarten und -sorten kaufen, die sie sich früher nicht leisten konnten.

Unterstützt wurden alle Entwicklungen durch eine zunehmend attraktivere Werbung und Imagepflege. Die Centrale Marketing Gesellschaft - CMA - der Deutschen Agrarwirtschaft hat sich bei Fleisch besonders engagiert. Aber auch Verbraucher- und mit Fleisch befaßte Standesorganisationen, Fleischerhandwerk, Fleischwarenindustrie und -handel verteilen Werbematerial mit oft ausgezeichnetem Informationswert für die Verwertung und Zubereitung des Fleisches.

Aus der Vielzahl der den Wandel in den Verzehrsgewohnheiten bewirkenden Einflüsse werden nachfolgend Küchentechnik, Kochbücher, Urlaub und Reisetätigkeit, Gastronomie sowie Forschung und Behörden berücksichtigt.

Küchentechnik

Vom schlichten Holz-, Kohle-, Elektro- oder Gasherd bzw. improvisierter energiesparender Kochstelle oder Kochkiste zum variablen Superherd, einschaltbar auf Heißluft, Umluft oder Mikrowelle, wie von der Druckprobe mit dem Kochlöffel zur Überprüfung des Garpunktes von Fleischstücken bis zur Verwendung von Bratenthermometern und elektrisch gesteuerten Thermoelementen, liegt eine Fülle technischer Neuerungen, die sowohl die Zubereitungsmethoden als auch die Breite geschmacklicher Komponenten des Fleisches zunehmend vergrößerten und variierten.

Nachdem der Bedarf an konventionellen Pfannen und Töpfen beliebig gedeckt werden konnte, weckten Empfehlungen für das Grillen des Fleisches - besonders im geselligen Rahmen mit Freiland- oder Tischgeräten - das Garen in Folien, Täflon beschichteten bzw. mit Oberflächenstruktur versehenen Brätern, Schnellkochtöpfen, Friteusen oder speziellem Bräunungsgeschirr für die Mikrowelle nicht nur Anschaffungswünsche, sondern auch Kreativität in den Zubereitungsmethoden. Fleisch ist ein leichtverderbliches Lebensmittel.

Der Einzug von Kühl- und Gefriergeräten in die Mehrzahl der Haushalte verbesserte die Lagerfähigkeit und ermöglichte, regional oder saisonal begrenzte bzw. preisgünstige Angebote zu nutzen.

Kochbücher

In Kochbüchern, Journalen und inzwischen auch im Fernsehen werden Zuberei-tungstrends flexibel aufgegriffen und allgemein zugänglich gemacht. Aus den in den ersten Nachkriegszeitungen als praktische Hilfe gedachten Sparrezepten hat sich inzwischen eine Rezeptflut für jeden Anlaß, Geldbeutel und Geschmack entwickelt. In dieser Fülle und raschen Aufeinanderfolge lassen sich leider nur sporadisch einige Fleischgerichte erfassen, wenn nicht systematisches Sammeln erfolgt.

Die Tendenz zu fundiert informierenden speziellen Kochbüchern für Fleisch dürfte nachhaltiges Zutrauen zum Ausprobieren neuer Rezepte oder dem Variieren traditioneller Fleischgerichte begünstigt haben. Von Nachkriegsbüchern in schlichtester Aufmachung mit vorwiegend traditionellen, einfachen oder gut bürgerlichen, leicht nachvollziehbaren, zumeist für den 4-Personen-Haushalt berechneten und nur selten illustrierten oder bebilderten Rezepten, sind sie inzwischen bezüglich Zutaten, Zubereitungsmethoden und Aufmachung teilweise sehr anspruchsvoll geworden. Aber auch für preiswerte Fleischgerichte gibt es eine Vielzahl ideenreicher Anleitungen, die auch größeren Anlässen und Ansprüchen gerecht werden. Der Trend zu speziellen Fleischkochbüchern setzte in den 70-iger Jahren ein und förderte besonders die Steak- und Grillwelle sowie Lamm- und internationale Fleischgerichte.

Urlaub und Reisetätigkeit

Viele Reisende sind bemüht, die typischen Essensgewohnheiten ihres Urlaubslandes kennenzulernen. Die Reisewelle mit Touristencharakter erfaßte Anfang der 50-iger Jahre zunächst landschaftlich attraktive Regionen der Bundesrepublik, der Schweiz, Italiens, Österreichs und Jugoslawiens. Nach Frankreich fuhren kulina-rische Individualisten. Schiffe mit ihrem exklusiven gastronomischen Service waren zunächst noch Verkehrsmittel und wurden erst später Urlaubsziel. Die weite Welt konnte kulinarisch nachhaltig besonders durch den Einsatz von Charterflugzeugen erschlossen werden. Die Reisetätigkeit hat Zubereitungs- und Verzehrsgewohn-heiten bei Fleisch stark beeinflußt. Trotzdem wird bei dem Bestreben, Fleischge-richte nachzuvollziehen, häufig festgestellt, daß sie im Urlaubsland am köstlichsten schmecken und nur bedingt übertragen werden können. Die Vorliebe für ausländische Gerichte nutzend, haben sich Spezialrestaurants etabliert, in denen eine breite Palette landestypischer Fleischgerichte, allerdings nicht immer in originärer Qualität, angeboten werden.

Fleischgerichte in der Gastronomie

Vom Stammgericht auf Fleischmarken bis zur Nouvelle Cuisine, der feinen leichten Küche, hat sich die Palette gastronomischer Fleischgerichte auf vielen Ebenen entwickelt. Trends wurden besonders in Städten rascher als in privaten Haushalten aufgenommen und allerorts entstanden Spezialitätenrestaurants (Steakhäuser, Hähnchenbratereien, Fastfood-Restaurants). Aber auch in der früheren schlichten Würstchenbude werden inzwischen Hot Dogs, Schaschlik, Schweinesteaks, Frikadellen bzw. Bouletten oder Hamburger, Hackfleischpizza oder Gyros angeboten.

Erfreulicherweise kann man noch heute in vielen Gaststätten - und ganz besonders auf dem Lande - auf der Speisekarte traditionellen Kalbs-, Rinder- oder Schweinebraten, Schweinsschäufele oder Haxen finden. In der wohltuend gastronomischen Gegensätzlichkeit ist das gemeinsame Bestreben erkennbar, den gewachsenen Ansprüchen an die Qualität der Fleischgerichte zu entsprechen. Weil informierter, ist der Gast kritischer geworden. Er erwartet auch bei einfachen Fleischgerichten den typischen Genußwert. Fleischauswahl, Zuschnitt, Würzung und der optimale Garpunkt müssen stimmen. Der Begriff "auf den Punkt gegart" zählt nicht mehr ausschließlich zum Repertoire von Köchen, sondern wird zunehmend auch Gästen geläufig.

Die soziologische Präferenz für den Level der Fleischgastronomie wechselt. Nicht zuletzt wegen des niedrigen Preises frequentieren z.B. Jugendliche einerseits sehr stark Fastfood-Restaurants, andererseits sind sie besonders aufgeschlossen für kulinarische Exklusivität. Auch der anspruchsvolle Feinschmecker wählt nicht immer nur raffinierte Fleischgerichte, sondern schätzt zum Ausgleich Einfaches, Deftiges. Nur gut muß es auch in dieser Form sein.

Forschung, Behörden und Organisationen

Grundlagen- und angewandte Forschung haben die Entwicklung des Fleischverzehrs in allen Bereichen begleitet, d.h. von der genetischen Konzeption bei den Zuchttieren über Fütterung, Haltung, Schlachtung, Klassifizierung, Verwertung, Hygiene, Technologie und Toxikologie der Schlachttiere und Schlachtkörper bis zur Darstellung von Nähr- und Inhaltsstoffen, strukturellen Kriterien und des Genußwertes bei originärem und zubereitetem Fleisch. Probleme wurden aufgezeigt und Empfehlungen für gesundheitliche, quantitative oder qualitative Rückversicherungen gegeben bzw. in Gesetze eingebracht, die für Handel, Verwertung und Verbrauch Unterschiede kenntlich machen und einwandfreies Fleisch garantieren. Ungerechtfertigten Verunsicherungen gegenüber dem Fleischverzehr galt es entgegenzutreten. Die Bundesanstalt für Fleischforschung, Kulmbach, hat sich besonders um die Transparenz und Anwendung wissenschaftlicher Ergebnisse für die Praxis bemüht. Darüberhinaus wurde im Auftrag und mit Unterstützung des Bundesministerium für Ernährung, Landwirtschaft und Forsten, der Centralen Marketinggesellschaft - CMA - sowie des Deutschen Fleischer- und Bauernverbandes bei zahlreichen übergebietlichen Ausstellungen vor dem Hintergrund einer aktuellen Marktlage die Themenbearbeitung zur Aufklärung und Absatzförderung übernommen.

Selbst wenn abgesicherte Ergebnisse vorliegen, so war und ist ihre Umsetzung in die Praxis oftmals sehr langwierig, da nicht ausgeschlossen werden kann, daß Vorurteile, traditionelle und regionale Vorstellungen dem Besseren aber Ungewohntem, vielleicht auch nur in Vergessenheit Geratenem entgegenstehen.

Wandlungen in Fleischproduktion und -vermarktung

Fleischproduktion

Während in der Zeit des Fleischmangels Landwirtschaft und Behörden alle Bestrebungen auf das Ziel ausrichteten, mehr und vor allem fettreiches Fleisch zu produzieren, bewirkte die Verbesserung der Lebens- und Arbeitsbedingungen in der Folgezeit alsbald eine Trendwende zum mageren Fleisch. Schon in den 50-iger

Jahren resümierten Publikationen, daß nicht marktkonform, sondern zuviel und zu fettes Fleisch erzeugt wird.

Induziert durch Verbraucher, Handel und Markt sowie wirtschaftliche Notwendigkeiten und betriebliche Möglichkeiten in der Landwirtschaft, vollzog şich ein Wandel in allen Bereichen der Fleischproduktion. Für den thematisch vorgegebenen Zeitraum können relevante Veränderungen bei den einzelnen Tierarten wie folgt charakterisiert werden:

Kälber: Reduzierung der Schlachtkälbererzeugung mit beträchtlichem Anstieg der Schlachtgewichte (Tab. 1).

Rinder: Schwerpunktmäßige Verlagerung der Produktion auf Jungbullen bei Erhöhung der Schlachtgewichte mit Ausnahme der Ochsen (Tab. 1).

Jahr	in 1000 Stück	Kälber %	Ochsen %	Bullen %	Färsen %	Kühe %	Schlachtgewicht Kälber kg	Rinder kg
1935/38	5o41	54,7	4,9	6,7	11,8	21,9	46	254
1950/51	4550	57,1	4,9	5,4	11,3	21,3	36	254
1960/61	5244	37,1	2,7	2o,2	15,5	23,9	48	263
197o/71	5499	18,2	1,6	34,9	17,8	27,5	76	277
198o/81	5637	11,3	1,4	44,4	12,4	3o,5	1o9	3oo
1984/85	5878	11,9	1,1	41,7	15,1	3o,2	118	297

Tab. 1 Veränderungen von Anteilen und Schlachtgewichten bei Kälber- und Rinderschlachtungen (4)

Schweine: Rückgang der Schlachtgewichte und beträchtliche Erhöhung des Muskelfleischanteiles der Schlachtkörper durch Züchtung und Fütterung bei teilweise negativer Beeinträchtigung der Gewebebeschaffenheit. Die Anpassung an die Marktbedürfnisse erfolgte in der Schweinefleischerzeugung besonders schnell. Aufgrund von Ergebnissen einer Nachkommenprüfstation konnte z.B. im Zeitraum 1959 bis 1964 (11) in der

organisieiten Schweinezucht der Muskelfleischanteil
-- in der Schweinehälfte von 49,1% auf 53,8%,
-- im Schinken von 58,4% auf 63,4% und
-- im Bauch von 53,0% auf 59,2%
erhöht werden. Gegenwärtig dominieren allgemein Schweine-
hälften mit mehr als 50% Muskelfleischanteil.

Schafe: Zunahme der Lammfleischerzeugung bei regional- und rassespezifisch unterschiedlicher Schwerpunktbildung als Milch- oder Mastlamm mit besonders positiver Wirkung auf die Zusammensetzung des Fettgewebes und den Genußwert zubereiteten Fleisches.

Geflügel: Herabsetzung des Schlachtalters bei allen Geflügelarten mit erheblicher Reduzierung des Fettgewebsanteiles der Schlachtkörper. Priorität der Produktion liegt bei Jungmast-geflügel, gefolgt von Legehühnern und Althähnen, Puten, Enten und Gänsen.

Fleischvermarktung

Differenzierte Anforderungen bewirkten schließlich die Entwicklung von Handels-klassen für Fleisch und damit eine präzisere Bewertung von Schlachtmerkmalen. Alter und Geschlecht des Schlachttieres, Gewicht des Schlachtkörpers sowie Ausprägung von Muskulatur und Fettgewebe sind Zuordnungs- und Bewertungskri-terien in der Großhandelsstufe und können aufgrund ihres erwiesenen Aussagewer-tes gleichzeitig Grundlage zur qualitätsbezogenen Einteilung der Angebotsvielfalt für das Frischfleischangebot in der Endverbraucherstufe sein (Tab. 2).

Fleischart	Kategorie	Bezugsmerkmale
Kalbfleisch	Kalbfleisch	Gewicht, Kalbfleischeigenschaften
Rindfleisch	Jungrindfleisch Jungbullenfleisch Ochsenfleisch Färsenfleisch Kuhfleisch	Geschlecht, Reifegrad (physiologisches Alter), Ausprägung (Profil) von Keule, Rücken und Schulter sowie Fettansatz und -abdeckung
Schaffleisch	Milchlammfleisch Mastlammfleisch Hammelfleisch	Alter, Gewicht, Ausprägung (Profil) von Keule, Rücken, Bug und Kamm sowie Fettansatz und -abdeckung
Schweinefleisch	Schweinefleisch	Gewicht, Muskelfleischanteil
Geflügelfleisch	Suppenhühner, Hähnchen, Junge Enten, Enten, Frühmastgänse, Junge Gänse, Gänse Junge Truthühner, Truthühner, Puter	Gewicht, Alter, Fleischigkeit, Fettansatz und Herrichtung, Hähnchen können bei Gewicht über 12oo g als Poularde, über 18oo g als junger Hahn bezeichnet werden

Tab. 2 Handelsklassen für Fleisch-Merkmale zur Einteilung und Bewertung von Schlachtkörpern verbraucherrelevanter Kategorien (5)

Merkmale der Fleisch- und Fettbeschaffenheit sind in den Handelsklassensystemen nicht berücksichtigt. Sie werden jedoch indirekt aufgrund tierart- und wachstumsspezifischer Wechselbeziehungen zwischen Einteilungskriterien für Handelsklassen und Beschaffenheitsmerkmalen im Wesentlichen charakterisiert und differenziert.

Der Informationsgewinn der Handelsklassen über Zusammensetzung und Beschaffenheit der Schlachtkörper wird in den Verwertungsbereichen nur unzureichend genutzt und kommt besonders im Verbraucherangebot nahezu nicht zur Geltung.

Entwicklung von Verzehrsmengen und Fleischpreisen

Verzehrsmengen

In der offiziellen Statistik fehlen Angaben über den Zeitraum 1945 bis 1947. Die auf Lebensmittelkarten ausgedruckten Fleischrationen sind für den damaligen Verbrauch nicht verbindlich, da die Belieferung nur selten in vorgegebener Höhe erfolgen konnte. Grundrationen und Sonderzuteilungen wurden bestimmt durch die jeweilige Versorgungslage, d.h. es galt den Mangel so gerecht wie möglich zu verteilen.

Das Kulmbacher Amtsblatt (6) vermittelt einen Überblick über die Fleischrationierung bis 1950. Ähnlich dürfte wohl die Entwicklung in allen Teilen Deutschlands, ausgenommen das Gebiet der heutigen DDR, verlaufen sein. Dort wurde die Fleischrationierung erst Mitte der 50-iger Jahre aufgehoben.

Für das Jahr 1945, das heißt auch nach dem 8. Mai, galten zunächst noch die Regelungen der Kriegszeit. Die Belieferung der Fleischmarken war 1945 nicht immer gewährleistet und die Fleischknappheit verdeutlicht eine Anordnung über die Kürzung der Selbstversorgerrationen vom 30.6.1945. Fleisch aus eigener Schlachtung mußte danach über einen längeren Zeitraum als ursprünglich errechnet reichen, bevor eine neue Schlachtgenehmigung erteilt wurde.

Besonders begehrt waren fettes Fleich oder geschmolzenes Fett. Auf der Grundkarte für Erwachsene waren als 4-Wochenration ausgedruckt:

-- 200 g Schweinefleisch oder 160 g Fleischschmalz sowie
-- 125 g Speck oder Schweinerohfett oder 1000 g Schweineschmalz.

Im August 1945 wird diese Fettzuteilung nochmals um 100 g gesenkt und es werden dafür 200 g Fleisch zugeteilt, bei dem schon sehr niedrigen Nährstofflevel eine weitere Kalorienreduzierung.

Am 29.9.1945 werden 100 g Fleisch zusätzlich aufgerufen, einziger Hinweis auf eine Sonderzuteilung von Fleisch im Jahr 1945.

Im Januar 1946 wurden auf Weisung der Militärregierung die Fleischrationen neu festgesetzt und die Bevölkerung in differenziertere Berechtigungsgruppen eingeteilt.

Tabelle 3 vermittelt einen Überblick über Grund- und Zusatzrationen, die in der Folgezeit in Anpassung an die jeweilige Versorgungslage variierten.

Gruppen	Grundrationen - g -					Zusatzrationen - g -					
Amtl. Aufruf	Kleinst- kinder 1 - 3 J.	Klein- kinder 3 - 6 J.	Kinder 6 - 10 J.	Jugend- liche 10-18 J.	Erwach- sene 18 J.	Mütter werd. u. stillende	Normal-	Arbeiter Teil- zeit	Mittel- schwer-	Schwer-	Schwerst-
Januar 1946	200	400	1200	1200	800	400	-	300	-	600	1200
Juni 1946	200	400	1200	1200	1000	1000	-	400	-	800	1200
Januar 1947	400	400	750	1000	1000	1000	-	400	-	800	1200
Juli 1947	400	400	600	600	400	800	200	400	-	800	1200
April 1948	425	425	650	650	425	800	200	425	650	875	1300
Sept. 1948	400	400	400	400	400	-	100	-	100	150	250
Februar 1949	400	400	400	400	400	375	-	-	-	-	-
Mai 1949	600	600	600	600	600	750	-	-	-	-	-
Juli 1949	750	750	750	750	750	750	125	-	250	375	625
Sept. 1949	1000	1000	1000	1000	1000	750	125	-	250	375	625

Tab. 3 Amtliche Grund- und Zusatzzuteilung - g/28 Tage - für Fleisch auf Lebensmittelkarten in verschiedenen Berechtigungsgruppen während der Rationierungsphase 1946 bis 1950 (4)

Nach anfänglicher Erhöhung mußten die Zuteilungsmengen in den Jahren 1947 bis 1949 wieder merklich gesenkt werden. Ab 1948 erfolgten zusätzliche Sonderaufrufe, die Rationen konnten allmählich gesteigert werden und in der 134. Zuteilungsperiode wurden für Januar/Februar 1950 die letzten Lebensmittelkarten mit Fleischrationen ausgegeben (Abb. 2).

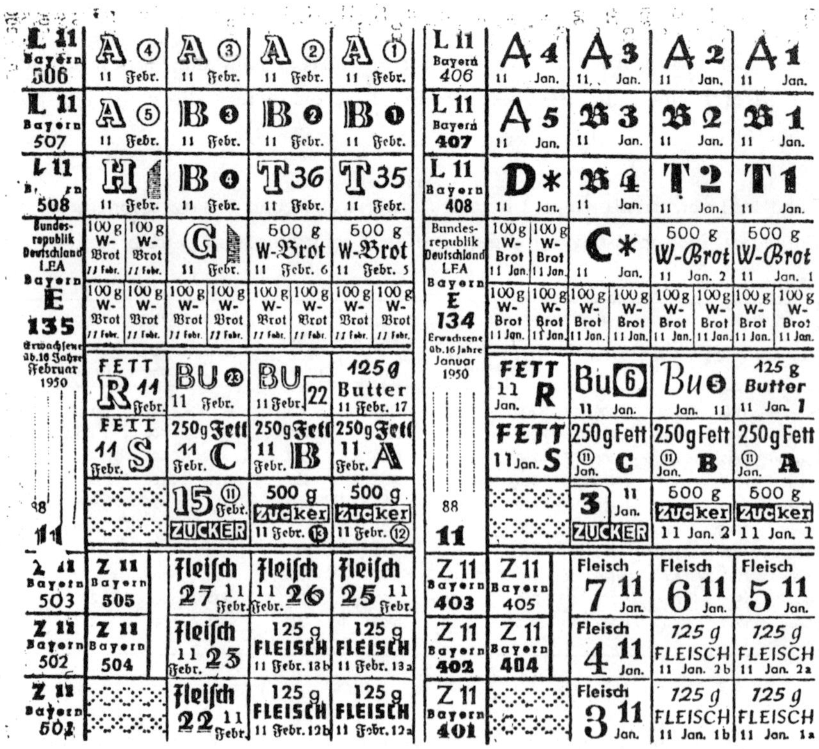

Abb. 1 Lebensmittelkarte für die 134. Zuteilungsperiode, Januar 1950 (7)
Ein Zuteilungszeitraum umfaßte jeweils vier Wochen. In 84 Kriegs- und 50
Nachkriegsperioden, das sind ca. 11 Jahre, mußten sich die Verzehrsgewohnheiten
bei Fleisch an amtlichen Rationen orientieren.

Als nach der Rationierungsphase Fleisch in ausreichender Menge wieder zur
Verfügung stand, war die Nachfrage durch die teilweise sehr eingeschränkten
Einkommens- und Lebensbedingungen zunächst noch begrenzt. Fleisch war noch
immer ein besonderes Lebensmittel mit relativ hohem Preisniveau.

Aufgrund umfassender Verbesserung von Arbeits- und Lebensbedingungen erhöhte
sich der Fleischverzehr ab 1960 beträchtlich. Zur Einschätzung der Ausgangssituation 1945 und der sich anschließenden Entwicklung sind in Abb. 2 retrospektiv
seit 1820 die konsumierten Fleischmengen und deren Verteilung auf Fleischarten
dargestellt.

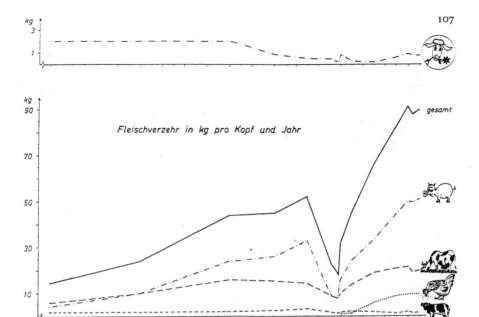

Abb. 2 Entwicklung des Fleischverzehrs pro Kopf und Jahr (4)

Schweinefleisch, seit Mitte des vorigen Jahrhunderts in Deutschland favorisiert, hat in der Kriegs- und Nachkriegsphase - das Schwein ist in Notzeiten Nahrungskonkurrent des Menschen - den stärksten Rückgang im Verzehrsanteil aufzuweisen, jedoch seit 1945 mit 42.-- kg die höchste Steigerungsrate gegenüber den anderen Fleischarten erreicht. Während der Verbrauch von Kalb- und Schaffleisch nahezu konstant ist, stieg in diesem Zeitraum der Konsum von Rind- und Geflügelfleisch um ca. 10kg. Bei Rindfleisch ist dies etwa eine Verdopplung, bei Geflügelfleisch hingegen eine Verzehnfachung gegenüber der Ausgangssituation nach Kriegsende.

Interessant ist ein Vergleich mit der Verzehrentwicklung anderer westeuropäischer Länder. Dabei stützt die Europäische Gemeinschaft - EG - ihre statistischen Angaben auf abgewandelte Bezugsgrößen.

Nach neuesten EG-einheitlichen Berechnungen hat unter Einbeziehung von Abschnittfetten und Innereien der Fleischverzehr in der Bundesrepublik 1985 die 100.-- kg Marke überschritten (Tab. 4).

Fleischart / Jahr	1985	1984	1983	1982
Rindfleisch	21,4 kg	20,8 kg	20,7 kg	21,0 kg
Kalbfleisch	1,7 kg	1,7 kg	1,6 kg	1,5 kg
Schweinefleisch	60,1 kg	59,2 kg	58,7 kg	57,7 kg
Schaf- und Ziegenfleisch	0,8 kg	0,8 kg	0,9 kg	0,9 kg
Hauptfleischarten	84,1 kg	82,5 kg	81,9 kg	81,1 kg
Pferdefleisch	0,1 kg	0,1 kg	0,1 kg	0,1 kg
Innereien	5,7 kg	5,6 kg	5,8 kg	5,7 kg
Geflügel	9,7 kg	9,5 kg	9,3 kg	9,9 kg
Sonstiges Fleisch	1,0 kg	1,0 kg	1,0 kg	1,1 kg
Fleisch insgesamt	100,6 kg	98,9 kg	98,1 kg	97,9 kg

Tab. 4 Der Fleischverbrauch pro Kopf der Bevölkerung in der Bundesrepublik Deutschland, einschließlich Abschnittfette und Innereien (10)

Im Vergleich der Länder hat Frankreich mit 108,3 kg den höchsten pro-Kopf-Verbrauch, Portugal mit 48,8 kg den niedrigsten. Nach Belgien/Luxemburg mit 100,4 kg lag die Bundesrepublik 1984 mit 98,8 kg an dritter Stelle (Tab. 5).

Fleischart / Land	Insgesamt	Rindfleisch und Kalb-fleisch	Schweine-fleisch	Schaf- und Ziegen-fleisch	Geflügel
BR Deutschland	98,8	22,5	59,2	0,7	9,5
Frankreich	108,3	32,2	38,1	4,3	16,8
Italien	80,8	26,1	26,9	1,5	18,6
Niederlande	76,3	19,1	40,6	0,4	11,5
Belgien/Luxemburg	100,4	26,4	46,0	1,5	14,8
Großbritannien	73,4	20,4	24,8	7,2	14,4
Irland	93,4	24,1	31,1	7,1	15,2
Dänemark	84,1	13,1	53,0	0,5	9,6
Griechenland	75,4	20,4	21,8	14,4	12,8
Spanien	74,8	10,4	31,2	3,6	22,1
Portugal	48,8	10,3	16,5	1,2	15,9
Österreich	86,9	21,8	47,1	–	11,9
Schweiz	87,8	26,2	42,6	1,6	8,7

Tab. 5 Der Fleischverbrauch 1984 im europäischen Vergleich (10)

Tab. 5 verdeutlicht insbesondere auch landesspezifische Verzehrgewohnheiten. Während die Bundesrepublik im Verbrauch von nahezu 60 kg Schweinefleisch an der Spitze steht, ist es in Frankreich mit 32,2 kg Rind- und Kalbfleisch. Im mediterranen Raum, in den angelsächsischen Ländern und in Frankreich werden die höchsten Konsummengen für Schaf- und Ziegenfleisch erreicht. Trotz der starken Zunahme bei Geflügelfleisch wird die BRD bei dieser Fleischart noch von allen europäischen Ländern mit Ausnahme der Schweiz übertroffen. Einen besonders hohen Stellenwert hat Geflügelfleisch in Spanien; der Verzehr ist mit 22,1 kg doppelt so hoch wie bei Rindfleisch.

Fleischpreise

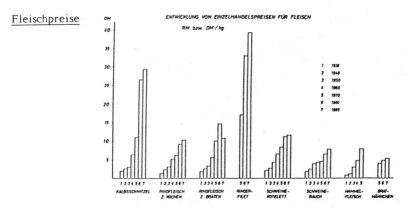

<u>Abb. 3</u> Entwicklung von Einzelhandelspreisen - RM/DM/kg - verschiedener Fleischarten im Zeitraum 1938 bis 1985 (4)

Preiserhöhungen konnten mit der Verbesserung der Kaufkraft nicht nur ausgeglichen werden, sondern weisen in den zurückliegenden 40 Jahren für Verbraucher laufend günstigere Preisgefüge aus. Wurden 1950 zum Kauf für 1 kg Rindfleisch zum Kochen noch 150 Lohnminuten und für Schweinekotelett 198 benötigt, so waren es 1984 für die gleichen Produkte nur noch 50,8 bzw 58,7 Minuten (Abb. 4).

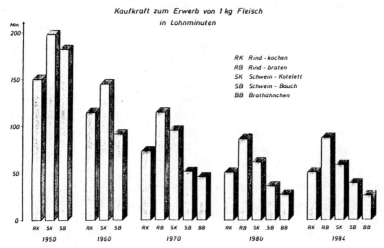

<u>Abb. 4</u> Verbesserung der Kaufkraft für Fleisch - gemessen in Lohnminuten zum Erwerb von 1 kg Fleisch im Zeitraum 1950 bis 1984 (4)

Nach dem Geschäftsbericht des Deutschen Fleischerverbandes für 1985 reduzierte sich die Arbeitszeit weiter, z.B. für Rindfleisch zum Kochen auf 36 und für Schweinekotelett auf 42 Lohnminuten. Auch bei den übrigen Fleischarten ist der Kaufkraftanstieg größer als in den zurückliegenden Jahren. Ausgenommen davon sind einige Vorzugsstücke von Rind und Schwein. Untersuchungen von Ladenpreisen in 9 Großstädten der Bundesrepublik ergaben bei Rindfleisch einen gewogenen Mittelpreis von 13,37 DM/kg, für Roastbeef hingegen 33,60 DM/kg und für Filet 44,42 DM/kg. Bei Schweinefleisch betrug der Mittelpreis 8,65 DM/kg und der für Filet 26,89 DM/kg.

Im ländlichen Raum sind diese Unterschiede weniger stark ausgeprägt. Durch das Festhalten an traditionellen Fleischgerichten ist z.B. der Preis für Rinderbrust relativ hoch und für Roastbeef und Filet wesentlich niedriger als in der Stadt.

Die Änderung von Preisrelationen innerhalb einer Fleischart läßt enge Beziehungen zu Wandlungen im wirtschaftlichen Umfeld erkennen. In der Zeit ausgeprägter Hochkonjunktur gab es z.B. bei den weniger gefragten Teilstücken vom Schwein wie Kopf, Füße, Brust und Bauch trotz niedriger Preise erhebliche Absatzprobleme. Sie verteuerten sich relativ rasch, als infolge verringertem Einkommen ihre Nachfrage stärker wurde. Es erhöhte sich z.B. zwischen den Wirtschaftsjahren 1974/75 und 1984/85 der Preis für Schweineschmalz um 53 %, Schweinebauch frisch um 52 %, für Kotelett hingegen nur um 17 % und für Schweinebraten aus der Schulter verringerte er sich sogar um 7 %.

Die Nachfrage-/ Preisentwicklung beinhaltet viele Widersprüche. So wird trotz weitgehend negativer Einstellung gegenüber tierischem Fett der fettere Schweinekamm zunehmend stärker bevorzugt und hat das früher teurere Kotelett inzwischen auch im Preis überholt.

Als 1949 die Verbraucherpreise amtlicherweise erhöht und neu festgesetzt wurden, war die damalige Nachfragesituation sicher wesentliche Orientierungsgröße (Tab.6).

Schlegel mit Bein	4,o4 DM	Rückenspeck	3,4o DM
Schulter m. Beilage	3,72 DM	Flomen	3,56 DM
Kotelett, Filet	4,32 DM	Fetter Speck, geräuch.	4,32 DM
Bauch	3,52 DM	Magerer Speck, geräuch.	4,72 DM
Nieren	4,32 DM	Backen	3,24 DM

Tab. 6 Kleinverkaufs-(Verbraucher-)Höchstpreise für Schweinefleisch, Speck und Innereien in DM/kg, lt. Anordnung des Bayerischen Staatsministerium für Wirtschaft vom 30.7.1949, Nr. Bay. 9/49 (6)

Zu dieser Zeit war Fleisch in seiner dichtesten energetischen Konzentration, das heißt als Fett besonders gefragt und von Schadstoffbelastungen bei Innereien noch nicht die Rede. So wurden Nieren und geräucherter Speck höher gewertet als Fleisch aus dem Schinken und gleichgesetzt mit Kotelett und Filet. Flomen war teurer als Rückenspeck und Bauch.

Wandel in den Angebotsformen

Nicht nur in der Bewirtschaftungsphase, auch in der Folgezeit wurde der Fleischeinkauf einschließlich des beratenden Kaufgespräches bezüglich der Sortenwahl über die Ladentheke vorwiegend im Fleischerfachgeschäft getätigt. Grundlage dafür war innerhalb der Fleischarten und insbesondere bei Rindfleisch eine traditionell gewachsene, regionale Besonderheiten nicht ausschließende Einteilung in Braten- und Kochfleisch und darüberhinaus eine noch weitergehende Differenzierung entsprechend der spezifischen Verwertungseignung des Fleisches (Abb. 5).

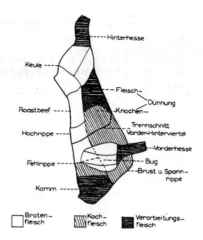

Abb. 5 Traditionelle Einteilung des Schlachtkörpers in Braten-, Koch- und Verarbeitungsfleisch beim Rind

Rindfleisch

Für die Schnittführung bildet die anatomische Vorgabe die Basis zur Gewinnung differenzierter Fleischsorten z.B. für Schmorbraten, Steaks, Rouladen oder Gulasch. Früher wurde die Gattungsherkunft - z.B. Ochsen- oder Färsenfleisch - darüberhinaus besonders betont. Noch heute zeugen vereinzelt zu findende Embleme oder Ladenüberschriften wie Ochsen- oder Schweineschlächterei von dem besonderen Image einer Fleischart.

In den 60-iger Jahren veränderte sich die Angebotsstruktur. Lebensmittelmärkte unterschiedlicher Prägung nahmen Fleisch und Fleischwaren in ihr Selbstbedienungsangebot auf und richteten Fleischabteilungen mit Thekenbedienung ein. Diese führen Fleisch mit teilweise spürbaren Preisvorteilen gegenüber konventionellen Einkaufsstätten unter Verwendung vielversprechender, für Verbraucher jedoch unzureichend transparenter Empfehlungen. Rinderbraten wird z.B. unter Zusatzbegriffen wie mager und zart, zart und saftig, extra mager, kernig gereift, Ia oder zart und abgehangen, angeboten. Werbeslogans, die durch das

Fehlen jeglicher Herkunftsangabe kaum geeignet sind, eine bessere Vertrauensbasis für das hinsichtlich seiner Verwertungseignung ebenso spezifische wie vielfältige Rindfleisch zu schaffen.

Kalbfleisch

Bei Kalbfleisch bestimmte noch 1950 das geringe Gewicht der Schlachtkörper und Teilstücke Zuschnitts- und Angebotsformen. So wurde die Schulter hohl entbeint als Ganzes, der Rücken ungespalten mit oder ohne Knochen, von der Schlachtkörperhälfte das Kotelettstück als Bratenstück oder im Einzelnen als Kotelett mit Knochen, Kalbsnierenbraten einschließlich Kotelett, Nierenfett und Niere zusammengerollt und Blume und Schwanzstück zusammenhängend als Fricandeau verkauft. Inzwischen ist das Durchschnittsgewicht der Schlachtkälber um das Dreifache gestiegen und der Zuschnitt gleicht zunehmend dem von Rindfleisch. Aus dem klassischen Kalbsnierenbraten ist ein Rollbraten ohne Kotelett geworden, die Kalbshaxe reicht inzwischen für 2 Personen und aus dem Kotelett werden auch Schnitzel geschnitten.

Schweinefleisch

Bei Schweinen konzentriert sich das Angebot ausschließlich auf Teilstücke mit allgemeinem Bekanntheitsgrad. Sofern Fleischteile nicht verwertungsgerecht zugeschnitten, sondern wachstumsbelassen in den Verkauf kommen, sind sie zumeist entsprechend gekennzeichnet, so z.B. als Schulter wie gewachsen, d.h. mit Knochen, Fettauflage und Schwarte oder, wenn bei Kotelett der Rippenansatz größer ist, wird es unter dem Begriff Stielkotelett angeboten. Der Unterschied in der nährstoffmäßigen Zusammensetzung und damit im Kalorien- bzw. Joulegehalt (kJ) ist zwischen wachstumsbelassenen und zugeschnittenem Fleisch teilweise erheblich. Tabelle 7 berücksichtigt hinsichtlich des Joulegehalts je 100 g Teilstücke, darüberhinaus den unterschiedlichen Verfettungsgrad von Schlachtkörpern.

Joulegehalt in 100 g Teilstück - Durchschnittswerte - S C H W E I N

Teilstücke Zuschnittformen	Fettgewebsanteil am Schlachtkörper		
	$<$ 29 % kJ	$<$ 32 % kJ	$<$ 35 % kJ
Schinken			
wachstumsbelassen	991	1094	1235
wachstumsbelassen o.Kn.u.Schw.	1135	1241	1402
o.Kn., Schwarten u. subk.Fett	643	724	794
M. adductor	520	512	533
Kotelett			
wachstumsbelassen	614	677	701
wachstumsbelassen o.Kn.	741	833	854
M. long. dorsi	498	537	501
Bauch			
wachstumsbelassen	1365	1477	1723
wachstumsbelassen o.Kn.u.Schw.	1578	1705	1965
M. pectoralis profundus	488	488	477
M. psoas major - *Filet*	493	512	493

Tab. 7 Durchschnittswerte für den Joulegehalt - kJ - in 100 g Teilstück von Schweineschlachtkörpern mit unterschiedlichem Fettgewebsanteil (10)

Lamm- und Hammelfleisch

Zu negativ scheint in unserem Land noch die Erinnerung an unangenehme Geschmackseigenschaften von Schaffleisch zu sein, das in den Kriegs- und Nachkriegsjahren leichter als Rind- oder Schweinefleisch organisierbar war, fast ausnahmslos jedoch von älteren, nicht mehr zuchttauglichen Tieren stammte und man es nur selten entsprechend seiner spezifischen Verwertungseignung zuzubereiten wußte.

Heute steht die inländische Produktion in Konkurrenz mit tiefgefrorener billiger Ware aus Übersee, während noch immer ein nicht unerheblicher Prozentsatz des frischen deutschen Lammfleisches exportiert wird. Lammfleisch wird vor allem von Individualisten und in der gehobenen Gastronomie variantenreich zubereitet.

Ungeachtet vielfältiger Informations- und Werbemaßnahmen konnte weder ausreichende Warenkenntnis noch Warentransparenz im Verbraucherangebot für die hinsichtlich Beschaffenheit und Genußwert stark gewandelte Fleischart erzielt werden. Anbieter beklagen die unzureichende Nachfrage und sind deshalb zurückhaltend gegenüber Lamm- und Hammelfleisch und Kenner bedauern, daß es nicht kontinuierlich und vor allem nicht ausreichend differenziert zur Verfügung steht. Es fehlen sowohl Varianten im Zuschnitt als auch verbindliche Zusicherungen für Lamm- oder Hammelfleisch, die der Exklusivität dieser Fleischart gerecht werden und eine breitere Nachfrage bewirken könnten.

Geflügelfleisch

Die starke Steigerung im Geflügelfleischkonsum ist sicher nicht nur eine Folge günstiger Preisentwicklung, sondern vor allem einer systematischen Verbesserung der Angebotsform. "Dressiertes" Geflügel wirkt optisch vollfleischiger, dafür waren besonders amerikanische und holländische Importe Wegbereiter.

Die konsequente Kalibrierung des Jungmastgeflügels in Gewichtsklassen unter Ausschaltung von Schlachtkörpern mit Mängeln jeglicher Art, die Portionierung, die Abgrenzung von Suppenhühnern und vor allem die problemlose Lagerung für die Selbstbedienung, der geringe Fettgewebsanteil der Schlachtkörper und der niedrige Fettgehalt im Muskelfleisch sowie der starke Preisrückgang haben in dieser Wechselwirkung den Verzehrsanstieg begünstigt.

Geflügel wird vorwiegend in Selbstbedienung angeboten. Tendenzen zur Bevorzugung von Frischgeflügel sind erkennbar.

Ausblick

Fleisch steht in ausreichender Menge und Vielfalt zur Verfügung. Auch die Preise haben sich so entwickelt, daß Fleisch zu einem Nahrungsmittel des täglichen Bedarfs in allen sozialen Schichten geworden ist. Bezüglich der Präferenz für einzelne Fleischarten und -sorten treten neben Niedrigpreisen die Bequemlichkeit küchentechnischer Behandlung und ein ausgeprägteres Qualitätsbewußtsein in den Vordergrund. Soweit überschaubare Produkte wie Schweinekotelett, -bauch oder -schulter, bzw. Geflügel günstig angeboten werden, kann die Preiswürdigkeit beurteilt werden. Bei Rinderbraten, auch wenn er mit dem Zusatz "zart und saftig" angeboten wird, kann ein niedriger Preis, gemessen am Genußwert des zubereiteten Fleisches, ein zu hoher Preis sein. Verbraucher fordern zunehmend die bei anderen Nahrungsmitteln selbstverständliche Kennzeichnung der Angebotsvielfalt. Kritischer gewordene Verbraucher wünschen Rückversicherung, Fleisch, das Stetigkeit in seinem Genußwert garantiert.

Über eine kontinuierliche Einteilung und Kennzeichnung ließe sich eine Entwicklung einleiten, die auf Dauer das Fleischangebot für den Verbraucher überschaubarer und transparenter macht. Marken- und Gütezeichen mit definierten Anforderungen könnten dabei vertrauensbildend wirken. Im Bereich gegenwärtiger Möglichkeiten und Grenzen würden Kriterien aus den gesetzlichen Handelsklassensystemen für den Großhandel (5) und anatomisch vorgegebene Abgrenzungen eine Grundsortierung bewirken, die evtl. durch tierspezifische Reifegarantien ergänzt werden könnte (Abb. 6 und 7). Auch Sonderangebote sollten bezüglich ihrer Preiswürdigkeit einschätzbar sein.

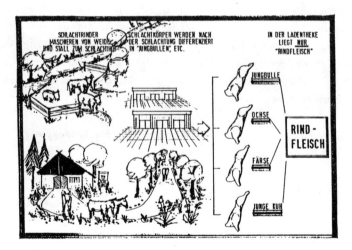

Abb. 6 Gegenwärtige Situation bei Rindfleisch zwischen Erzeugung und Ladentheke

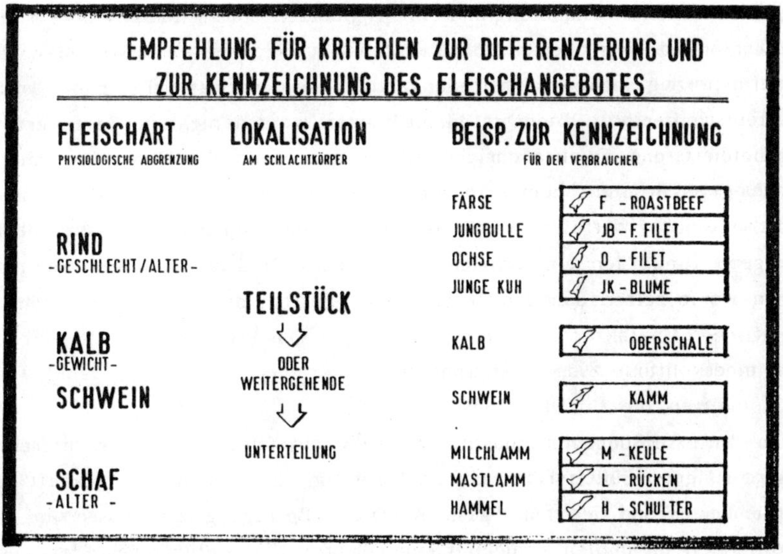

EMPFEHLUNG FÜR KRITERIEN ZUR DIFFERENZIERUNG UND ZUR KENNZEICHNUNG DES FLEISCHANGEBOTES

FLEISCHART PHYSIOLOGISCHE ABGRENZUNG	LOKALISATION AM SCHLACHTKÖRPER	BEISP. ZUR KENNZEICHNUNG FÜR DEN VERBRAUCHER	
RIND -GESCHLECHT/ALTER-		FÄRSE	F – ROASTBEEF
		JUNGBULLE	JB – F. FILET
		OCHSE	O – FILET
		JUNGE KUH	JK – BLUME
KALB -GEWICHT-	**TEILSTÜCK** ⇓ ODER WEITERGEHENDE ⇓	KALB	OBERSCHALE
SCHWEIN		SCHWEIN	KAMM
SCHAF -ALTER-	UNTERTEILUNG	MILCHLAMM	M – KEULE
		MASTLAMM	L – RÜCKEN
		HAMMEL	H – SCHULTER

Abb. 7 Empfehlung zur Differenzierung und Kennzeichnung der Hauptfleischarten

Sicherheit beim Einkauf wird in Zukunft wahrscheinlich ein bestimmender Faktor für die Fleischwahl in seiner vielfältigen Präsentation sein. Nur unter dieser Prämisse erlangen Preisangaben Informationswert. Die Verwertungsmöglichkeiten von Lamm- und Hammelfleisch sind z.B. noch nicht ausreichend bekannt. Mit variantenreicheren Zuschnitten einschließlich Rezeptempfehlungen wäre sicher noch breiteres Interesse zu wecken.

Alle Empfehlungen zur Einteilung und Kennzeichnung des Fleischangebotes sollten verbrauchergerecht gefaßt werden, einschließlich von Informationen über Muskulatur- und Fettbeschaffenheit. Besonders bei Fett gibt es oft unrichtige Vorstellungen. Der Fettgehalt des Fleisches wird vielfach überschätzt und der Einfluß auf den Genußwert unterschätzt. Initiativen in dieser Richtung gibt es seit mehr als 20 Jahren (12, 13), jedoch sind zwischenzeitlich in allen Bereichen Wandlungen eingetreten, denen es Rechnung zu tragen gilt.

Vom Gesamtfleischveı zehr entfallen mit regionalen Unterschieden ca. 40 bis 60 % auf Wurst- und Fleischwaren. Sie haben hinsichtlich Sorten- und Qualitätsvielfalt, Differenzierung, Sortenkennzeichnung, Kontrolle, Qualitätsprüfung und Werbung das Fleisch überholt. Bei Qualitätsprüfungen werden nicht nur definierte Beschaffenheits-und Qualitätsmerkmale getestet, auch die Zuordnung und Abgrenzung der Produkte kommt immer wieder auf den Prüfstand. Die gesetzlichen Vorschriften bei der Herstellung von Wurst- und Fleischwaren lassen dennoch genügend Raum für ein individuell geprägtes Qualitätssortiment. Argumente gegen Wurst gelten u.a. den "versteckten" Fetten, die jedoch weitgehend den spezifischen Charakter der Wurstsorten prägen. Das Problem der Fettreduzierung wird in der Praxis zunehmend realisiert.

Neuere Untersuchungen prognostizieren (10) wachsendes kulinarisches Interesse im Sinne gepflegter Eßkultur. "Freude am Essen" und "gesund und schmackhaft" lägen stärker im Trend als nur "gesund". Diese Befragungsergebnisse sind umso erfreulicher, da in den zurückliegenden Jahren die Stellung des Fleisches als Nahrungsmittel teilweise gegensätzlich beurteilt und mit unterschiedlicher Motivation vereinzelt sogar in Frage gestellt wurde. Begriffe wie Vollwertnahrung oder Gesundkost werden dabei für fleischfreie Ernährung in Anspruch genommen. Fleisch steht in keinem Widerspruch zur Definition Vollwert, im Gegenteil. Fleisch ist ein biologisch und ernährungsphysiologisch hochwertiges Lebensmittel, es enthält

-- Eiweiß mit allen lebensnotwendigen Aminosäuren,
-- essentielle Fettsäuren
-- essentielle Vitamine, Mineralstoffe und Spurenelemente in einer dem Organismus besonders zuträglichen Form

und ist darüber hinaus in besonderem Maße auch ein Genußmittel, das sich mit ballastreichen, in der physiologischen Reaktion ausgewogenen Beilagen einfach komplettieren läßt.

Nicht nur in der Nachkriegszeit waren die Fleischgerichte einseitig. Auch in Zeiten des Überangebotes gibt es verschiedentlich aufgrund überlieferter Zubereitungsgewohnheiten nur wenig Varianten bedingt durch Mangel an Zeit und Phantasie oder weil es doch das teuerste Stück sein soll. Das vielseitige Angebot, auch das Preiswerte, wird noch nicht voll ausgeschöpft.

"Das Beefsteak der Zukunft, ein Spinnprodukt?" (15). Zumindest literarisch wird die Möglichkeit in Betracht gezogen, daß im Schlaraffenland der Zukunft Fleisch aus Proteinfasern gewebt wird. Gegenwärtig leben wir, zumindest in unserer Region, mit einer Überproduktion. Auf dem Weg vom Mangel über den Nachholbedarf mit großen und fetten Portionen ist es an der Zeit, sich bei Fleisch intensiver den kulinarischen Feinheiten - auch für einfache und preiswerte Gerichte - zu widmen. Die Voraussetzungen dafür sind gegeben. Es liegt an uns allen, die gewachsene originäre Vielfalt anzunehmen.

Quellenangaben:

1. Das Kochbuch aus dem Frankenwald;
    Verlag Stürzel und Fehn, Kronach, 1984

2. Deutsches Fleischermuseum Böblingen

3. Das Schlachten für den ländlichen Haushalt;
    Weizacker-Verlag - Arolsen 1949

4. Statistisches Jahrbuch über Ernährung, Landwirtschaft und
    Forsten; 1950 bis 1985, Landwirtschaftsverlag Münster-Hiltrup

5. Handelsklassen für Kalb-, Rind-, Schaf-, Schweine- und
    Geflügelfleisch; Herausgeber BML und AID

6. Kulmbacher Amtsblatt 1945 bis 1950

7. Privat zur Verfügung gestellt

8. Geschäftsbericht des Deutschen Fleischerverbandes

9. Metzgermeister; 43, 1986; Pflaum-Verlag, München

10. Versuchsergebnisse aus der Bundesanstalt für Fleischforschung

11. Deutsches Lebensmittelbuch; Leitsätze, Ausgabe 1984,
    Bundesanzeiger

12 Fleisch freiwillig kennzeichnen, Leitfaden für den Einzelhandel; Herausgeber BML und AID 1975

13 Kennen Sie Fleisch? Braten, Schmoren, Kochen, Grillen;
    Herausgeber BML und AID 1975

14   Bildarchiv der Fa. Raps, Kulmbach

15   Genießer-Freuden; Lorch-Verlag, Frankfurt 1977

Vom Nachkriegsbrot zu Spezialbrotsorten und Brotspezialitäten

Benedikt Lauter

1. Brotversorgung der Bevölkerung 1945

In den ersten Nachkriegsjahren waren ca. 60 000 Backbetriebe bemüht, die hungernde deutsche Bevölkerung mit Brot zu versorgen. Damals waren nicht Qualität und Sortiment gefragt, sondern Quantität, denn Brot war das einzige Lebensmittel, das in der Lage war, die Menschen - wenn auch in bescheidenem Umfang - zu ernähren.

Die Getreidemahlerzeugnisse für die Brotherstellung bestanden aus Weizen, Roggen, Gerste und Mais. Da nur Weizen- und Roggenmehle und -schrote wirklich backfähig sind, versteht man unter Brotgetreide meist nur Roggen und Weizen. Die Gerste diente als Brotfrucht nur in früheren Jahrhunderten und in geringerem Umfang z.B. beim Drittelsbrot, und in Notzeiten.

Gerste ist eine Getreideart, die für Braumalz Verwendung findet, aber auch für die Herstellung von Graupen, Grütze und Flocken und nicht zuletzt als Futtermittel.

Zwangsläufig mußte Gerstenmehl auch in den Jahren 1945 bis 1947 mit verarbeitet werden, um die Roggen- und Weizenmehle zu strecken. Zur Brotherstellung wurde damals auch Gelbmais verwendet.

Gerste als auch Mais waren für das Brot belastende Rohstoffe, aber dennoch ausgezeichnete Streckmittel. Hinzu kam, daß beim Roggen und Weizen eine Ausmahlung von über 90% vorgenommen werden mußte, und als Weizenmehle kamen nur Nachmehle zum Einsatz, die auch noch mit Weizenkleie angereichert waren.

Somit war es kein Wunder, wenn Brote auf dem Markt waren, die nichts mit Qualität zu tun hatten. Das einzig Positive am Nachkriegsbrot war die hohe Brotausbeute, da die Randschichten des Getreides ganz erheblich Wasser binden. Das hatte aber auch den Nachteil, daß das Brot in der Regel eine mangelhafte

Elastizität und Kaufähigkeit besaß.

Die erhöhte Brotausbeute ermöglichte aber auch ab und zu die Abgabe von Brot ohne Brotmarken vor allen Dingen an kinderreiche Familien. Dies war zwar nicht zulässig, aber es linderte vorübergehend die Not kinderreicher Familien.

In der damaligen Zeit gab es im wesentlichen nur 4 Brotsorten, und zwar

> Vollkornbrot
>
> Weizenmischbrot
>
> Roggenmischbrot
>
> und Weißbrot, aber nur in seltenen Fällen, unter Mitverwendung von Gelbmais.

Nicht jede Bäckerei bot 4 Sorten an, sondern höchstens 2, wobei immer das ortsübliche Brot die Hauptsache war. Kein Wunder, wenn sich die Menschen nach jahrelanger Entbehrung nach einem helleren und besseren Brot sehnten. Orientierungspunkte, wie Brot sein kann, gab es auch damals schon. Die amerikanischen Militärbäckereien produzierten schneeweißes Kastenweißbrot, das die ausgehungerte Bevölkerung nicht als Brot, sondern eher als Kuchen einstufte.

Nach der Währungsreform und der bald darauf folgenden Aufhebung der Brotrationierung war der Weg frei für ein helleres Brot bei wesentlich verbesserter Qualität.

2.   Brotversorgung in den 50er Jahren

Der Verbraucher hatte nun wieder Zugang zu Lebensmitteln, die er lange entbehren mußte. Damit wurde gleichzeitig ein Wettbewerb ausgelöst innerhalb des Lebensmittelbereiches, bei dem es zu einem leichten Rückgang des Brotabsatzes kam.

Mitte der 50er Jahre, als das Brot bereits wieder einen hohen Qualitätsstandard erreicht hatte, wurden in vielen Bäckerfachgeschäften Schnittbrote eingeführt. Vornehmlich waren es Bauernschnitten mit relativ großen Scheiben. Bereits Ende der 50er Jahre gab es in den meisten Bäckereien zwei Hauptbrotsorten, im Süden vorwiegend Weizen- und Roggenmischbrot,

im Norden und Nordwesten Weizen- und Roggenmischbrot, aber auch Schrotbrote.

Daneben wurde auch das Weißbrot regelmäßig angeboten.

Bereits zu dieser Zeit setzte eine rasante Entwicklung im Backofenbau ein. Holz-, Kohle- und Dampfbacköfen wurden abgelöst durch moderne Öl- und elektrisch beheizte Etagen-Backöfen, die einen sehr beweglichen und beschleunigten Produktionsprozeß zuließen. Damit war der Backbetrieb in der Lage, trotz des Nachtbackverbotes um 7 Uhr früh ein breites Angebot an Backwaren für den Verbraucher bereitzuhalten. Damit begann aber auch gleichzeitig die Entwicklung von Brotspezialitäten und Spezialbrotsorten, die selbst bei kleinen Einheiten durch die moderne Backtechnik ermöglicht wurden.

3. Was sind Spezialbrote und Brotspezialitäten

Unter Spezialbroten versteht man Brote, die im wesentlichen zwar von Mahlerzeugnissen des Roggens oder Weizens hergestellt werden, sich vom gewöhnlichen Brot jedoch unterscheiden durch die Mitverwendung von Mahlerzeugnissen, die nicht vom Roggen oder Weizen stammen (z.B. Mehrkornbrot). Die verwendeten Getreidearten müssen mindestens zu je 5 % enthalten sein. Eine Getreideart muß Roggen oder Weizen sein. Zusätzlich werden Mahlerzeugnisse von Hafer, Gerste, Reis, Hirse, Mais verarbeitet, z.B. bei

Dreikorn-, Vierkorn- und Fünfkornbrot.

Bei Zugabe von Getreidemahlerzeugnissen, die nicht aus Roggen oder Weizen stammen, sind mindestens 20 % der namengebenden Getreidezugabe, berechnet auf 100 kg Weizen- und/oder Roggenerzeugnisse, erforderlich, z.B. bei Hafer-, Mais-, Reis- oder Hirsebrot.

Brote werden auch dann zu Spezialbroten, wenn diese unter Verwendung von besonderen Zugaben pflanzlichen Ursprungs hergestellt werden, z.B. Weizenkeimbrot. Als Zugabe sind mindestens 10 % Weizenkeime erforderlich.

Bei Kleiebrot sind als Zugabe mindestens 10 % Speisekleie mit einem maximalen Stärkegehalt von 15 %, berechnet auf 100 kg sonstige Getreidemahlerzeugnisse, erforderlich.

Oder Brot mit Ölsamen; hier sind als Zugabe mindestens 8 % der in der Bezeichnung des Brotes genannten, nicht entfetteten Ölsamen, berechnet auf 100 kg Getreidemahlerzeugnisse, erforderlich. Werden die geforderten Anteile an Ölsamen nicht zugesetzt, dann darf das Brot nicht als Ölsamen-Brot, z.B. Leinsamenbrot, bezeichnet werden.

Sind die Ölsamen sensorisch deutlich wahrnehmbar, so sind die zugegebenen Ölsamen in einer Zusatzbezeichnung aufzuführen, z.B.: "Mit Zugabe von 3 % Sonnenblumenkernen".

Brote werden auch zu Spezialbroten, wenn diese unter Verwendung besonderer Zugaben tierischen Ursprungs hergestellt werden z.B.

> Milchbrot
> Milcheiweißbrot
> Sauermilchbrot
> Buttermilchbrot
> Quarkbrot usw.

In die Gruppe der Spezialbrote gehören auch solche Sorten, die einem besonderen Backverfahren unterzogen wurden, z.B. Dampfbackkammer-Brot.

Das Brot wird in geschlossenen Backformen in Dampf gebacken und ist allseitig krustenlos.

Oder Gerstenbrot, bei dem die erste Backphase im offenen Feuer ca. 3 Minuten erfolgt. Anschließend wird der Backprozeß unterbrochen, dem sich nach weiteren ca. 50 Minuten der normale Backprozeß anschließt.

Bei Pumpernickel wird eine Mindestbackzeit von 16 Stunden gefordert.

Weitere Spezialbrote sind solche mit verändertem Nährwert, z.B.

eiweißangereichertes Brot,
kohlenhydratvermindertes Brot,
brennwertvermindertes Brot.

Nicht zuletzt müssen auch die diätetischen Brote genannt werden. Diese müssen der Verordnung über diätetische Lebensmittel (Diät-Verordnung) entsprechen. Dazu gehören:

Eiweißarmes Brot (Stärkebrot),
glutenfreies Brot (gliadinfreies Brot),
Diabetikerbrot,
natriumarmes Brot (kochsalzarmes Brot).

Unter Brotspezialitäten versteht man Sorten, die z.B. in einem Betrieb hergestellt werden, der sich darauf spezialisiert hat, z.B.

Vintschgauer Brot
Fladenbrot,
usw.

Hier handelt es sich um Brotsorten, die qualitativ, bedingt durch die spezialisierte Herstellung, hoch einzustufen sind.

4.   Brotabsatz

Im letzten Jahr der Brotrationierung, 1949, lag der Verbrauch an Brot pro Kopf und Jahr bei 120 kg.

Dieser Absatz war fortan rückläufig bis Anfang der 70er Jahre, wo er etwa bei 67 kg pro Kopf und Jahr lag. In den Jahren 1974 bis 1984 stieg der Pro-Kopf-Verbrauch wieder deutlich an.

Die Gründe liegen einerseits im sehr breiten Angebot an Brotsorten, andererseits aber auch in einem stärkeren Ernährungsbewußtsein der Verbraucher.

Der jährliche Brotverbrauch der Bundesbürger

1974	68,5 kg
1979	73,7 kg
1984	75,1 kg

Das sind 206 g täglich und entspricht etwa

4 Scheiben Brot und 1 Brötchen.

Brotverzehr nach Sorten

Anzahl der Sorten	Land	+ / -
200	Bundesrepublik Deutschland	+ 9 %
72	Schweden	+ 9 %
45	Frankreich	+ 1 %
42	Benelux	- 3 %
19	Großbritannien	- 8 %
17	Italien	-10 %

Dort, wo nur wenige Brotsorten gebacken werden, sinkt der Verzehr deutlich. Eine positive Entwicklung ist dagegen in den Ländern mit vielen verschiedenen Sorten zu verzeichnen.

Mit diesem Angebot steht die Bundesrepublik an der Spitze. In keinem anderen Land gibt es eine derartige Produktvielfalt bei Brot. Ein Grund mit, daß 82 % der Hausfrauen Brot für das wichtigste Nahrungsmittel halten.

5.   Die veränderte Technologie bei der Brotherstellung

Dieses enorme Angebot mit etwa der gleichen Beschäftigungszahl wie 1960, aber der in der gleichen Zeit etwa um die Hälfte geschrumpften Betriebszahl, war nur durch wissenschaftliche Erkenntnisse und technischen Fortschritt möglich. Diese beiden Faktoren waren schließlich auch Grundlage nicht nur für die Sortenvielfalt, sondern auch für den heutigen Qualitätsstandard.

Im technologischen Bereich hat das IREKS-ARKADY-Institut für Bäckereiwissenschaften in seinen Laboratorien, Versuchs- und Lehrbäckereien in Kulmbach, Hannover und Hamburg, die an der Entwicklung von Backmitteln und Backverfahren arbeiten, einen großen Beitrag für das Backgewerbe und nicht zuletzt zum Vorteil der Verbraucher geleistet.

Mit den vorhandenen Möglichkeiten wären die Backbetriebe vor 20 Jahren nicht in der Lage gewesen, das heutige Sortiment zu produzieren. Da in der Bundesrepublik das Nachtbackverbot besteht, sind oftmals nötige Produktionszeiten auch nicht vorzuverlegen. Da das Brot zum absoluten Frischgeschäft zählt, mit Ausnahme von Schnittbrot, ist auch eine Vorratsproduktion für den folgenden Tag nicht möglich. Der Verbraucher wünscht beim Brotkauf Frische, noch besser Wärme, denn warmes Brot ist nun mal am frischesten.

Nostalgie ist beim Brotkauf nicht angebracht, denn die Brotherstellung von gestern war zeitraubend, anstrengend und wegen des Mehlstaubes höchst ungesund. Der Bäcker von früher war ein vielgeplagter Mann, der die meisten Stunden seines Lebens in der Backstube verbrachte. Dies ist in der "Vollständigen Brotbackkunde" des Jahres 1832 zu lesen. Der Autor Johann Carl Leuchs berichtet darin erstmalig in Deutschland über die Möglichkeit, das Brot zu verbessern.

Das oftmals so nostalgisch aufgewertete "gute Brot von damals" war der Gesundheit durchaus nicht immer so zuträglich wie das heute oft angenommen wird.

Jeder Berufszweig hat schon immer ohne wissenschaftliche Erkenntnisse das Bedürfnis gehabt, schwere Arbeit zu erleichtern und neue Erkenntnisse und Methoden anzuwenden, um am Ende ein besseres Produkt herzustellen.

Die Bäckereiwissenschaft ist noch relativ jung und beschäftigt sich mit dem Produkt Brot erst seit etwa 100 Jahren. Sie hat dem Bäcker viel geholfen durch Grundlagenforschung im Bereich der Rohstoffe und Technologie.

6. Backmittel - ihre Aufgabe und Wirkung

Das Getreide wurde früher so vermahlen wie es vom Feld kam. Es enthielt daher oft giftige Unkräuter und Mutterkorn. Dieser Zustand veranlaßte vor 100 Jahren Professor Lehmann, Professor für Hygiene an der Universität in Würzburg, zu der Aussage, man solle das Vollkornbacken verbieten, da aufgrund des Fehlens der Getreidereinigung eine Vergiftungsgefahr durch Unkräuter und Mutterkorn groß sei.

Die Bäcker haben sich schon immer viel Mühe gegeben, den Kunden gute Qualität anzubieten. Dies gelang nicht immer, denn das fehlende Wissen führte bekanntlich zu dem Spruch,

"... daß Backen und Brauen nicht immer gelinge..."

Das Resultat: Schwankende Brotqualität, die nach heutigen Maßstäben weder vom Fachmann noch vom Verbraucher akzeptiert würde.

Die Getreideernte fällt auch heute noch sehr unterschiedlich aus, denn die Witterungsbedingungen in unseren Breitengraden sind nicht immer ideal für das Wachstum und den Reifeprozeß.

Die Backmittel haben nun die Aufgabe, die von der Natur bedingten Qualitäts-schwankungen beim Getreide möglichst auszugleichen. Damit helfen sie nicht nur dem Verarbeiter, sondern sie dienen letzten Endes auch dem Verbraucher durch die Verbesserung der Gebäckeigenschaften. Dazu gehören

Bräunung,
Krustenrösche,

Lockerung,

Schneidbarkeit,

sowie Geschmack und Frischhaltung.

Backmittel erleichtern die Herstellung von Backwaren und helfen, Gebäckfehler zu vermeiden.

Bei der Einführung von Spezialbrotsorten spielen die Backmittel eine besondere Rolle. Die Bereitstellung von Rohstoffen mit gleichbleibender Qualität ist für den Backbetrieb schwierig, da er selbst keine Rohstoffkontrolle durchführen kann, denn das wäre zu aufwendig und damit zu kostenintensiv. Das Verwiegen der vielen Rohstoffe für die diversen Spezialbrotsorten ist umständlich und kann zu Fehlmischungen führen.

Die sogenannten Backmittel-Vormischungen liefern dem Backbetrieb immer eine konstante Qualität in gleichbleibender Zusammensetzung.

Qualität und Quantität müssen erst recht stimmen, wenn Analysendaten und Nährwertangaben für die entsprechenden Spezialbrotsorten gefordert werden. Der Backmittel-Hersteller liefert neben dem Produkt

a) das Verarbeitungsrezept,
b) die Analysendaten,
c) die Nährwertangaben,
d) die Verbraucherinformation.

Letztere gewinnt immer mehr an Bedeutung, denn ein neu eingeführtes Spezialbrot ist unbekannt und der Verbraucher hat ein Recht auf ausreichende Produktinformation.

7.   Die Bäckereitechnik

Es wurde bereits angesprochen, daß die moderne Bäckereitechnik erst die Voraussetzungen schuf, daß Backbetriebe heute bis zu 30 Sorten Brot führen.

Dazu investiert z.B. das deutsche Bäckerhandwerk jährlich rund 1,25 Milliarden DM für seine Betriebe.

Es taucht oft die Frage auf: Ist das Brot früher nicht besser gewesen, ohne Technik und ohne Wissenschaft?
Diese Frage ist berechtigt, sie muß aber verneint werden.
Warum?

Der Verbraucher hat seine Eßgewohnheiten geändert. Er hat sich vom Brotesser zum Brotgenießer entwickelt. Anstelle des Sättigungswertes trat der Genußwert eines Brotes. Roggen- und Roggenmischbrote waren früher im Geschmack häufig zu sauer, was man heute allgemein ablehnt. Durch den hohen Verzehr an Früchten nehmen wir ohnehin relativ viel Säure zu uns, aber auch über die Erfrischungsgetränke, die saure Geschmacksträger beinhalten.

Aus diesem Grund wird z.B. im Bundesland Baden-Württemberg hauptsächlich ein mildes Weizenmischbrot verzehrt. Diese Brotsorte hat in der Regel nicht mehr als 10 - 30 % Roggenanteil. Hier haben sicher andere Produkte, wie z.B. Wein, Most, Obst, einen starken Einfluß auf den Geschmack des Brotes.

Ganz typische Feststellungen können wir machen, wenn wir in die Nachbarländer Frankreich und Italien reisen, wo der Weinkonsum eine beachtliche Rolle spielt. Diese Veränderungen in den letzten 30 Jahren blieben nicht ohne Einfluß auf unser Brot. Deshalb kann man auch nicht sagen, daß der Brotgeschmack früher besser war. Er war nicht besser, sondern nur anders.

Die moderne Bäckereitechnik brachte auch hygienischen Fortschritt in die Betriebe. Die Energiequellen liegen außerhalb des Backraumes und verursachen weder Abgase, Staub noch Asche.

Die vielen Brotsorten, die heute hergestellt werden, erfordern noch immer fachliches Können und handwerkliche Geschicklichkeit, besonders bei der Herstellung von Spezialbroten und Brotspezialitäten. Obgleich die Backbetriebe in den letzten Jahrzehnten deutlich zurückgingen, ist die Beschäftigtenzahl nahezu konstant geblieben, wie die nachfolgende Tabelle zeigt:

Entwicklung des Bäckerhandwerks von 1960 bis 1982

Jahr	Zahl der Betriebe	Beschäftigte	Gesamtumsatz
1960	54 000	226 000	5,9 Mrd. DM
1965	49 000	216 000	8,1 Mrd. DM
1970	40 000	200 600	9,7 Mrd. DM
1975	35 000	193 000	12,5 Mrd. DM
1976	34 100	196 500	12,8 Mrd. DM +)
1977	33 200	203 900	13,7 Mrd. DM
1978	32 400	203 200	14,5 Mrd. DM
1979	31 400	208 300	15,4 Mrd. DM
1980	30 700	210 350	15,9 Mrd. DM
1981	29 900	210 650	16,4 Mrd. DM
1982	29 200	210 000	16,8 Mrd. DM

+) Nach Umstellung der Statistik aufgrund der Handwerkszählung 1977

8. Haltbarkeit des Brotes

Es wird sehr häufig angenommen, daß das heutige Brot schneller verschimmeln würde als früher. Das trifft keineswegs zu, denn jedes Brot ist unmittelbar nach dem Backprozeß steril, d.h. die Schimmelsporen überdauern den Backprozeß nicht.

Der Befall des Brotes mit Schimmelsporen ist eine Infektion, die erst nach dem Backen erfolgt. Solange das Brot allseitig geschlossen und mit einer Kruste umgeben ist, gibt es keinen Schimmel. In dem Moment, wo die Kruste erweicht, d.h. wenn das Wasser von der Brotkrume in die Brotkruste übergeht, dann ist jedes Brot - das war früher nicht anders - anfällig für den Schimmelbefall.

Wären früher die Brote, so wie das heute praktiziert wird, nach dem Kauf in Polybeutel gegeben worden, dann hätte es mit Sicherheit genausoviel Schimmel gegeben wie heute. Der Polybeutel bzw. auch die Brotverpackung unterstützt den Wassereinzug in die Kruste, und damit wird mehr Frische des Brotes vorgetäuscht, weil die Kruste jetzt weich und elastisch ist und sich nachgebend verhält.

Der Vergleich Kontamination früher und heute hinkt auch deswegen noch etwas, weil ein Brot früher schneller aufgegessen wurde und somit keine Zeit vorhanden war für das Schimmelwachstum.

Heute werden Brote nach jeder Mahlzeit in Polybeutel verstaut, um somit eine Verzehrsfähigkeit über mehrere Tage zu erlangen. Kein Wunder, wenn es dadurch zu einer Schimmelanfälligkeit kommt.

Anders dagegen verhält es sich beim Schnittbrot. Die Brote sind ebenfalls nach dem Backprozeß steril, und erst beim Schneiden kommt es zum Schimmelbefall. Durch die Feuchtigkeit in der Krume keimen die Sporen aus, die dann unter Umständen nach 3 - 4 Tagen schon sichtbar sind.

Es ist allzu verständlich, wenn sich die Backbetriebe, unterstützt durch die Wissenschaft, mit dieser unangenehmen Brotkrankheit beschäftigen und zur Verhinderung bzw. zur Verzögerung ein Konservierungsmittel zusetzen.

Heute ist es aber so, daß ein Großteil der Schnittbrote kein Konservierungsmittel mehr enthält. Bei Ganzbrot sind Konservierungsmittel ohnehin nicht zulässig.

Viele Betriebe wenden anstatt der Zugabe von Konservierungsmitteln die Hitzebehandlung an, d.h. daß bei Erreichen einer Kerntemperatur von 78°C die Sporen zerstört werden und somit eine Auskeimung unmöglich ist.

Sobald ein sterilisiertes Schnittbrotpäckchen geöffnet wird, kommt es zur erneuten Kontamination, und die Haltbarkeit ist dann nur noch auf einige Tage begrenzt. Sterilisiertes Schnittbrot ist monatelang haltbar, was aber voraussetzt, daß die Verpackung nicht beschädigt ist.

Brot ist das älteste zubereitete Nahrungsmittel der Menschheit und ist auch heute noch die Nummer 1.

In den letzten 40 Jahren seit Ende des 2. Weltkrieges hat sich bei der Brotherstellung mehr geändert als je zuvor. Die Betriebe wurden durch die moderne Technik humanisiert, die Leistung gesteigert, das Angebot erweitert, mit dem Ziel, alle

Menschen mit dem täglichen Brot zu versorgen.

Von der tiefgefrorenen Erbse zum kompletten Feinschmeckermenü

Lutz Aubry

Das Haltbarmachen von Lebensmitteln stellt seit alters her eine Primäraufgabe für die Menschheit dar. Neben chemischen Methoden wie Salzen, Pökeln, Zuckern oder Säuern sind die physikalischen Verfahren wie Trocknen, Sterilisieren und Kühlen bekannt. Erst die Erfindung der Kältemaschine von Carl von Linde vor etwas mehr als 100 Jahren jedoch ermöglichte die wirtschaftliche Nutzung des Gefrierverfahrens. Diese Technologie basiert im wesentlichen auf der Anwendung sehr tiefer Temperaturen innerhalb kürzester Zeitspannen.

Der Durchbruch auf dem deutschen Nahrungsmittelmarkt erfolgte erst vor 25 Jahren, als auch bei uns die notwendigen technischen Voraussetzungen für den Vertrieb geschaffen waren. In den Kühlhäusern und auf dem Transportweg vom Hersteller bis in die Truhen des Lebensmittelhandels müssen bestimmte Minustemperaturen eingehalten werden. Man spricht von der sogenannten "Kühlkette", die schließlich im häuslichen Tiefkühlgerät oder im Gefrierfach des Eisschrankes endet.

Tiefkühlkost hat in den letzten Jahrzehnten das Konsumverhalten und die Ernährungsgewohnheiten in vielen Ländern verändert. Auch in der Bundesrepublik erkannte der Verbraucher schnell die entscheidenden Vorzüge dieser modernen Angebotsform: Tiefgefrorene Produkte bewahren weitgehend sämtliche Eigenschaften des frischen Nahrungsmittels, da nur ernte- bzw. fangfrische Rohwaren verarbeitet werden. Tiefkühlerzeugnisse sind unabhängig von Ernteort und -zeit das ganze Jahr hindurch in gleicher Qualität erhältlich.

Dem ansteigenden Verbraucherinteresse begegneten die Hersteller mit ständigen Produktinnovationen und einer kontinuierlichen Vergrößerung der Sortimentspalette, wie sie heutzutage kein zweites Konservierungsverfahren aufweisen kann. Pizza, Rahmspinat oder Fertiggerichte sind Beispiele hierfür. So ist es dann auch nicht verwunderlich, daß inzwischen bereits in 80 % aller Haushalte Tiefkühlkost verwendet wird. Auch aus Gastronomie und Gemeinschaftsverpflegung, die fast die Hälfte des Konsums für sich in Anspruch nehmen, sind tiefgefrorene Produkte nicht mehr fortzudenken.

Handelte es sich in den Pionierjahren der Tiefkühlindustrie noch um Artikel wie Spinat, Erbsen oder Fischfilet, die vom Verbraucher spontan aufgenommen wurden, so beschleunigte sich die Marktentwicklung mit der Einführung von bereits zu- oder vorbereiteten Tiefkühlerzeugnissen wie z.B. Fischstäbchen oder Rahmspinat. Abgesehen von einer Zeit- und Arbeitsersparnis für die Hausfrau enthalten diese sogenannten "Convenience-Produkte" auch eine Rezepturleistung des Herstellers in Form von Zutaten, Gewürzen oder Soßen. Auch Kompositionen von ausgesuchten Rohwaren wie bei Mischgemüsen gehören zu diesem Produktbereich.

Dem Trend zur internationalen Küche und sogar zu exotischen Gerichten, die wir im Zeitalter des Jets kennen- und schätzen gelernt haben, kommt die moderne Tiefkühlkost ebenfalls in optimaler Weise entgegen. Italienische, spanische oder chinesische Spezialitäten, Baguettes, Tiefseekrabben oder Germknödel sind genauso beispielhaft hierfür wie süddeutscher Leberkäse oder norddeutscher Grünkohl mit Wurst.

Die demographische Veränderung unserer Gesellschaft mit einer deutlichen Zunahme der Kleinhaushalte mit 1 - 2 Personen, der Wunsch der Frauen nach mehr Selbstverwirklichung - oftmals verbunden mit zunehmender Berufstätigkeit oder sozialem Engagement - sowie generell unser aller Streben nach mehr Freizeit und weniger Routinearbeiten, wirken sich merklich auf Lebens- und Konsumstil aus. Der starre Gebrauch der gemeinsamen Familienmahlzeiten zu festen Tageszeiten löst sich immer mehr auf. Interessen und Aufgaben der einzelnen Familienmitglieder verlangen individuelle und flexible Essensmöglichkeiten - sei es zu Hause oder außerhalb. So befindet sich einerseits das "Zwischendurch-Gericht" oder der "Snack" auf dem Vormarsch, ebenfalls die kleine Mahlzeit zu zweit. Auf der anderen Seite besteht mehr denn je die Tendenz, an freien Tagen oder wenn Besuch kommt etwas Besonderes zuzubereiten und Atmosphäre zu schaffen.

In ihrer Sortimentsbreite und mit allen Produktvorzügen erfüllt Tiefkühlkost in zunehmendem Maße die neuen Ansprüche im Konsumverhalten. Wesentlich beitragen hierzu wird auch die jüngste Generation von Tiefkühlerzeugnissen: die Fertiggerichte und kompletten Menüs, die in ihrer Konzeption bereits auf die 90er Jahre ausgerichtet sind.

Mit einem Verbrauch von 710.000 Tonnen Tiefkühlkost erreichte die Bundesrepublik 1985 eine mittlere Position in einem internationalen Konsumvergleich. Marktforscher und Ernährungsfachleute sind sich einig darüber, daß sich der pro Kopf-Verbrauch von 11,6 kg pro Jahr bei uns innerhalb kurzer Zeit verdoppeln wird.

Dabei nimmt der Haushaltsverbrauch seit dem Erscheinen der Spezialitäten, Fertiggerichte und kompletter Mahlzeiten auf dem Markt noch schneller zu als der Großverbrauch in Gastronomie und Gemeinschaftsverpflegung.

Auch in Zukunft dürfte Tiefkühlkost daher mit zweistelligen Zuwachsraten pro Jahr eine absolute Spitzenstellung in der Entwicklung der Nahrungsmittelbranche der Bundesrepublik einnehmen.

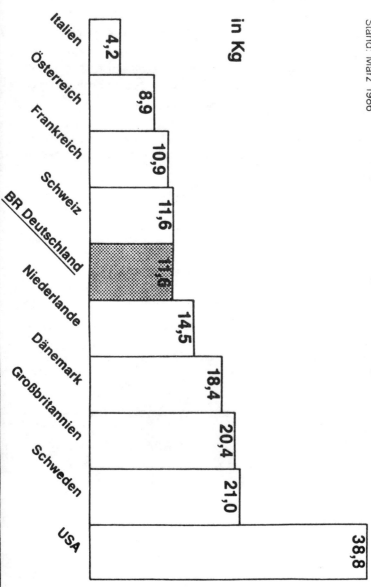

**Tiefkühlkost international
Pro-Kopf-Verbrauch / 1985**
(ohne Rohfleisch, Wild und Geflügel)

Quelle: Langnese-Iglo Marktforschung
Stand: März 1986

in Kg

Land	Verbrauch
Italien	4,2
Österreich	8,9
Frankreich	10,9
Schweiz	11,6
BR Deutschland	11,6
Niederlande	14,5
Dänemark	18,4
Großbritannien	20,4
Schweden	21,0
USA	38,8

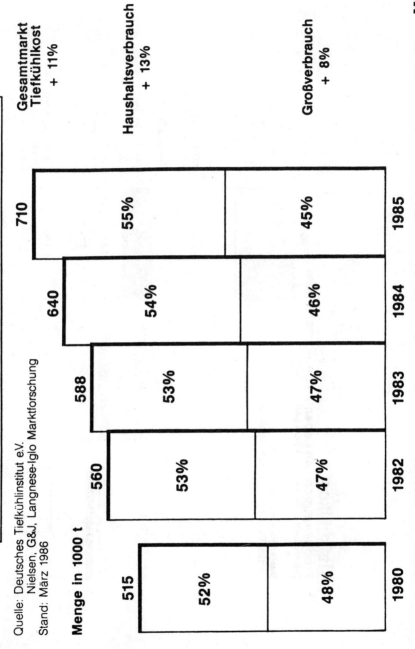

Entwicklung von Tiefkühlkost
(ohne Rohfleisch, Wild und Geflügel)

Quelle: Deutsches Tiefkühlinstitut e.V.
Nielsen, G&J, Langnese-Iglo Marktforschung
Stand: März 1986

Menge in 1000 t

	1980	1982	1983	1984	1985
Menge	515	560	588	640	710
Haushaltsverbrauch	52%	53%	53%	54%	55%
Großverbrauch	48%	47%	47%	46%	45%

Gesamtmarkt Tiefkühlkost + 11%

Haushaltsverbrauch + 13%

Großverbrauch + 8%

Tiefkühlkost
Produktgruppen im Lebensmittel-Einzelhandel
(ohne Rohfleisch, Wild, Geflügel und Speiseeis)

Basis: Absatz in Tsd. Tonnen
Quelle: Deutsches Tiefkühlinstitut e.V.

Spezialitäten
(Backwaren, Pizza,
Suppen etc.)

Kartoffelprodukte
(Pommes frites,
Kartoffelklöße etc.)

Fertiggerichte
(zubereitete Teil-
gerichte auf Basis
Fleisch, Wild und
Geflügel)

Fischprodukte
(Fischstäbchen,
Schlemmer-Filet,
Fischfilet etc.)

Gemüseprodukte
(Erbsen, Spinat,
Kräuter etc.)

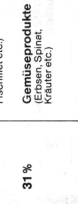

346

19 %

27 %

14 %

31 %

1984

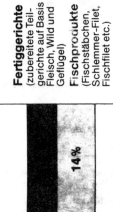

161

8 %

16 %

21 %

51 %

1975

121

15 %

31 %

54 %

1970

Haushaltsstruktur • in Mio
(incl. Gastarbeiter)

	1950	1961	1970	1976	1980	1985	1990*
Gesamt	16.6	19.5	22.0	23.9	24.5	25.5	25.0
HH mit …1 Pers.	3.2	4.0	5.5	6.9	7.6	7.6	7.5
…2 Pers.	4.2	5.2	6.0	6.8	7.0	7.9	8.0
…3 Pers.	3.8	4.4	4.3	4.3	4.3	4.6	4.5
…4 u.mehr Pers.	5.4	5.9	6.2	5.9	5.6	5.4	5.0

* Schätzung

4/84

TIEFKÜHLKOST

Quellen des Wachstums

Innovative Lösungen

Die Arbeitserleichterung

Rohgemüse
(Spinat, Erbsen, Grünkohl)

Fischfilet, Kräuter

Blätterteig, Früchte

Die Rezeptur-Idee

Rahm-Spinat, Rahm-Gemüse

Fischstäbchen, Schlemmerfilet,
Fisch im Backteig

Kartoffelprodukte für Backofen-
zubereitung

Das Mahlzeiten-Konzept

Pizza, Bistro

Mein Leibgericht,
Suppengemüse mit Brühe

Snacks, Pfannengemüse

○ Bedürfnisse nach Convenience
Frische
ganzjähriger Verfügbarkeit

◐ Wachsendes Anspruchsniveau
Bedürfnis und Aufgeschlossenheit
nach höherwertigen Produkten
Neue Rezepte und Zubereitungen

● Mehr kleine Haushalte
Aufbrechen tradierter Eßgewohnheiten
Trend zu leichter und gesunder
Ernährung

Geschmacksprobleme bei kochsalzarmen Lebensmitteln
Was können Gewürze und Kräuter dazu beitragen?

Werner Frey

Die Verwendung von Kochsalz zu Nahrungsmitteln ist ins Gerede gekommen. Vor allen Dingen der zu hohe Salzverbrauch wird als eine unserer Ernährungssünden bezeichnet.

So sollen 95 % der Bevölkerung täglich 12 - 15 g Kochsalz zu sich nehmen, während bereits 2 - 5 g pro Tag ausreichend sind.

Die deutsche Gesellschaft für Ernährung (DGE) empfiehlt grundsätzlich eine Menge von weniger als 10 g pro Tag.

Kochsalz wird aber universell in allen oder fast allen Lebensmitteln eingesetzt, so werden etwa 20 % des Kochsalzbedarfes über Fleisch- und Wursterzeugnisse und 80 % über andere Lebensmittel dem Körper zugeführt.

Kochsalz ist ein Risikofaktor für die Entstehung des Bluthochdruckes, der wiederum das Entstehen von Arteriosklerose begünstigen kann. Außerdem schadet zuviel Salz unter anderem den Nieren und dem Herz.

Entscheidend für diese Wirkung des Kochsalz ist das Natrium im Kochsalz. Man spricht vor allem deshalb von einer zu hohen Kochsalzaufnahme, weil im Kochsalz das meiste Natrium gegenüber anderen Lebensmitteln und Zusatzstoffen enthalten ist (siehe hierzu Tabelle 1 - Natriumgehalte anderer Zusatzstoffe und Lebensmittel).

Wenn also von kochsalzreduzierter Kost gesprochen wird, meint man eigentlich natriumreduzierte bzw. natriumärmere Nahrungsmittel, die eben durch eine entsprechende Kochsalzreduzierung leichter erreicht werden können.

Allerdings muß man sich vor Augen führen, daß bei Produktion solcher Nahrungsmittel auch andere natriumhaltige Zusatzstoffe in die Bilanz mit eingehen müssen.

Das Anbieten natriumärmerer bzw. kochsalzreduzierter Nahrungsmittel ist in der Bundesrepublik Deutschland im Augenblick nach § 13 der Verordnung über diätetische Lebensmittel nur dann möglich, wenn diese Lebensmittel im genußfertigen Zustand nicht mehr als 120 mg Natrium in 100 g Lebensmittel aufweisen. Dies ist in den meisten Nahrungsmitteln, so auch bei Fleischwaren, nur durch völliges Weglassen von Kochsalz erreichbar.

Da aber Kochsalz bei Fleischwaren und bei anderen Lebensmitteln sowohl technologische als auch sensorische Bedeutung hat, hatten solche Art natriumreduzierter bzw. kochsalzreduzierter Lebensmittel nur Chancen bei wirklich kranken Menschen. Wünschenswert wäre jedoch eine Reduzierung der Natrium- bzw. Kochsalzaufnahme für breitere Bevölkerungsschichten, die nicht unbedingt krank sind. Dem trägt eine in Vorbereitung befindliche Änderung der Diät-Verordnung bzw. der Nährwert-Kennzeichnungs-Verordnung Rechnung, die es ermöglicht, Lebensmittel und auch Fleischwaren herzustellen, die als kochsalzvermindert oder kochsalzreduziert bezeichnet werden können, die aber eine gewisse Kochsalzmenge enthalten dürfen und nicht diese starken sensorischen und technologischen Nachteile aufweisen.

Hierbei sind zum Beispiel für Fleischwaren folgende Natriumswerte vorgesehen:

Kochwurst	400 mg Natrium pro 100 g
Brühwurst und Kochpökelwaren	500 mg Natrium pro 100 g
Rohwurst	1000 mg Natrium pro 100 g

Eine solche Reduzierung des Natriumgehaltes ist mit etwa 40 - 50 % der üblicherweise eingesetzten Kochsalzmenge erreichbar, aber natürlich unter gleichzeitigem Verzicht auf alle anderen Zusatzstoffe, die ebenfalls Natrium enthalten (siehe hierzu Tabelle 1).

Nun stellt sich die Frage, was haben Gewürze hierbei zu tun.
Welche Aufgabe hat das Kochsalz bei den Lebensmitteln, speziell bei Fleischwaren?

Bei Fleischwaren und anderen Lebensmitteln hat das Kochsalz eine technologische Aufgabe, so ist zum Beispiel nur unter Zugabe von Salz überhaupt die Herstellung einer Brühwurst, einer Kochpökelware und vor allen Dingen einer Rohwurst und

Rohpökelware möglich. Die Haltbarkeit gerade von Dauerwürsten und Rohpökelwaren wird mit durch die Salzzugabe erreicht, die Salzzugabe kann hier nicht
bedenkenlos zurückgenommen werden. Deshalb ist die Herstellung von kochsalz-
bzw. natriumreduzierten Rohpökelwaren und Dauerwürsten sehr schwer durchführ-
bar und nicht zu empfehlen.

Allerdings ist die Aufnahmemenge von Rohpökelwaren und Dauerwurstprodukten
sehr gering, so daß die Aufnahme dieser Nahrungsmittel in die Natriumbilanz nicht
sehr stark eingeht. Anders sieht es bei den Brüh- und Kochwürsten aus.

Die technologischen Probleme, die bei einer Kochsalzreduzierung entstehen,
können natürlich durch Gewürze nicht wettgemacht werden. Hier müssen entsprechende Technologien und Verfahren angewandt werden, um zu einem akzep-
tablen Produkt in Bezug auf Konsistenz und Aussehen und Haltbarkeit zu gelangen.

Kochsalz hat aber auch eine sensorische Aufgabe. Jeder weiß, die Reduzierung von
Salz führt oft zu einem leer, schwach, lasch schmeckenden Produkt. Natürlich ist
dies Gewöhnungssache, jedoch kann man nicht wegdiskutieren, daß ein Lebensmittel mit geringerer Salzmenge einfach schlechter beurteilt wird und im
Genußwert (von nicht kranken Menschen) als beeinträchtigt angesehen wird.

Auch der Ausgleich des verringerten Kochsalzes durch Zugabe sogenannter
Salzersatzstoffe auf der Basis von Kaliumchlorid und ähnlichem (siehe hierzu
Tabelle 2) führt zu Geschmacksabweichungen. Meistens sind diese Stoffe bitter im
Geschmack, so daß eine einfache Reduzierung von Kochsalz jedes Lebensmittel
sensorisch erst einmal negativ beeinträchtigt.

Es ist eine altbekannte Tatsache, daß der Verbraucher den Genußwert eines
Nahrungsmittels sehr hoch einschätzt, die Argumentation und die Werbeaussage, er
kaufe mit der kochsalz- bzw. natriumreduzierten Ware ein gesünderes Produkt,
kann nur dann Erfolg haben, wenn die Lebensmittel auch vom Genußwert her
akzeptiert werden, das heißt die einmal gekauften Produkte müssen auch wieder
gekauft werden. Und genau in dieser Richtung können Gewürze und Kräuter helfen.

Durch die richtige Zusammenstellung der Gewürze für solche kochsalz- bzw. natriumreduzierten Lebensmittel können Fleischwaren und andere Nahrungsmittel mit akzeptablem Genußwert erzielt werden, die zum Teil von den mit normalen Kochsalzmengen gesalzenen Produkten nicht zu unterscheiden sind bzw. aufgrund ihres würzigen Geschmacks sogar bevorzugt werden.

Besonders geeignet sind für diese Zwecke Gewürze, wie Zwiebel, Knoblauch, alle Kräuter, wie Majoran, Thymian, Sellerie und Liebstock, aber auch Pfeffer. Wenig Einwirkung bzw. wenig positive Auswirkung hat eine erhöhte Zugabe von Nelke, Piment und Muskat. Desweiteren müssen die vorteilhaften Gewürze auch höher dosiert werden, als bei normal gesalzenen Produkten.

Bei richtigem und gekonnten Einsatz von Gewürzen und Kräutern zu kochsalz- bzw. natriumreduzierten Lebensmitteln ist es möglich, vom Genußwert her gute, akzeptable, salzverminderte Lebensmittel zu produzieren, die vom Verbraucher auch anerkannt werden.

Die alleinige Werbung mit Produkten, die gesünder sind, führt nicht zum gewünschten Erfolg. Nur die Verbindung von gesünderen Produkten mit einem entsprechenden Genußwert führt zu der wünschenswerten Verringerung der Natriumaufnahme. Es muß also dem Verbraucher nahe gebracht werden, daß kochsalz- oder natriumreduzierte Lebensmittel auch schmecken und hierzu tragen Gewürze und Kräuter bei.

Hierauf muß natürlich die Werbung für solche Produkte abgestimmt sein. Es muß eine positive Aussage gemacht werden. Die alleinige Werbung mit "salzarm" oder "salzreduziert" oder "gesund" reicht nicht aus, auf Dauer einen Erfolg dieser Produkte zu erreichen und zu einer reduzierten Natriumaufnahme zu gelangen.

Es ist vorstellbar, daß gerade die Akademie für gesunde Ernährung in Kulmbach es sich zur Aufgabe macht, Wissenschaftler, Produzenten, den Handel und die Verbraucher zusammen zu bringen, das richtige Konzept zur Vermarktung solcher Produkte zu entwickeln und damit wirklich zur Volksgesundheit beizutragen.

Zusammenfassung

Die Entwicklung einer Palette von Nahrungsmitteln mit reduziertem Natrium-gehalt bzw. Kochsalzgehalt ist wünschenswert.

Die technologischen Nachteile des verringerten Salzgehaltes können durch Rezepturumgestaltungen und bessere Technologien bei vielen Produkten ausge-schaltet werden. Gewürze und Kräuter können jedoch dazu beitragen, sensorisch einwandfreie Produkte herzustellen, die auch von ihrem Genußwert her akzeptiert werden. Und nur die Akzeptanz des Genußwertes ist eine Garantie dafür, daß solche Produkte gekauft und verzehrt werden. Deshalb kann man den Einfluß der Gewürze für den Erfolg solcher kochsalzreduzierter Nahrungsmittel nicht hoch genug ein-schätzen.

Tabelle 1 Natriumgehalt verschiedener Zusatzstoffe und Lebensmittel

Kochsalz (NaCl)		39,4%
Na-Glutamat		12,3%
Na-Ascorbat		11,6%
Würze	ca.	24,0%
Muskelfleisch		00,04 - 0,07%
Leber		00,06 - 0,08%
Fettgewebe		00,06 - 0,12%
Blut	ca.	00,20%

Tabelle 2 Inhaltsstoffe eines Kochsalzersatzmittels (beispielhaft)

Kalium	38%
Calcium	0,2%
Chlorid	33,5%
Natrium	4%

Oft noch andere Bestandteile (Würzen, Aromen, Gewürze)

Verzehr 1985 - Verzehr 2000

-Status quo und Perspektiven,
demographische und soziologische Aspekte
zukünftigen Ernährungsverhaltens-

Hans-Jürgen Anders

Ein häufig zitierter Slogan lautet: "Der Mensch ist, was er ißt".

Nach Angaben des Ernährungsberichtes verzehrte der Durchschnittsbürger im Jahre 1981 pro Tag 2021 g Lebensmittel, und zwar hauptsächlich Erfrischungsgetränke (382 ml), Milch + Milchprodukte (232 g), Fleisch + Wurstwaren (187 g) sowie Brot + Backwaren (147 g), was einer Nahrungsaufnahme von knapp 3500 kcal entspricht. Mit anderen Worten: Wir essen zuviel!

Der Einfluß dieser Fehlernährung spiegelt sich auch in der aktuellen Krankheitssituation der deutschen Bevölkerung wider: Ca. 70 % der Bevölkerung sind falsch ernährt; rund jeder dritte Bundesbürger ab 15 Jahre liegt um mehr als 10 % über seinem Normalgewicht.

Eine übergroße Körperfülle wird gelegentlich mit Grazie toleriert und vom Dichter gefeiert: "Laßt dicke Männer um mich sein", wünschte sich Julius Cäsar, auf die guten Charaktereigenschaften der gemütlichen Dicken vertrauend.

Im Ernährungsbericht des Jahres 1976 schätzt man die durch ernährungsbedingte Krankheiten und damit im wesentlichen durch Übergewicht entstehenden Kosten auf etwa 17 Mrd. DM jährlich.

Während wir vor einem Vierteljahrhundert noch eine ausgeglichene, in den Jahrzehnten davor sogar eine negative Energiebilanz vorweisen konnten, können wir seitdem eine nahezu konstante Energieaufnahme von mehr als 3000 kcal und eine weiter sinkende Entwicklung des Energiebedarfes feststellen.

Noch immer ernähren wir uns - was Menge und Zusammensetzung betrifft - so wie unsere Großväter, so als ob wir Schwerstarbeiter wären. Entsprechend den Anforderungen im Berufsleben, nämlich geringere Muskeltätigkeit und stärkere Anforderungen an die geistige Leistungsfähigkeit, müßte diese Umstrukturierung so aussehen, daß der Anteil an Kohlehydraten und Fetten reduziert und dafür der Eiweißanteil erhöht wird.

Das Resultat sieht anders aus: Kohlehydrate vor Fetten und Eiweiß bestimmen unseren Speiseplan, verbunden mit einer Verdreifachung des Fettanteils in den letzten 30 Jahren.

Obwohl das Sprichwort "Vorbeugen ist besser als heilen" für keine andere Krankheit eher zutrifft als für das Übergewicht, gibt es ohne Zweifel noch große Wissensdefizite:

63 % der Bevölkerung haben die Begriffe 'kcal' oder 'Joule' bereits gehört, aber der größte Teil weiß nichts Rechtes damit anzufangen.

Rund ein Drittel der Bevölkerung stimmt der Aussage zu, daß man eigentlich nicht so recht weiß, welches Normalverhalten man hinsichtlich seiner Ernährung an den Tag legen müßte, ohne seiner Gesundheit zu schaden.

Lediglich 35 % der Bevölkerung finden Themen, die sich mit Ernährung und Gesundheit befassen, für sehr interessant,

16 % achten sehr genau und weitere 72 % im großen und ganzen auf eine gesunde Ernährung.

Die Frage, wie sich der Mensch um die Jahrhundertwende ernähren wird, ist zweifellos ebenso reizvoll wie schwierig. Sie wirft ihrerseits nämlich wiederum die Frage auf, ob sich das Ernährungsverhalten für einen so großen Zeithorizont überhaupt antizipieren läßt. In einer Zeit, die durch einen permanenten, teilweise erdrutschartigen Wandel in vielen Lebensbereichen gekennzeichnet ist, gehört die Erstellung von Langfristprognosen zu den eher undankbaren Aufgaben.

Der erste Grundsatz bei Prognosen lautet: Vorhersagen zu machen, ist schwer, besonders dann, wenn es die Zukunft betrifft. Auch ist es richtig und empirisch nachweisbar, daß Prognosen meistens falsch sind, was aber weniger an den verwendeten Methoden als vielmehr an der Politik liegt.

Die konventionellen, meist quantitativ ausgerichteten und auf Vergangenheitsdaten beruhenden Prognosen täuschen Sicherheit vor und haben den Nachteil, daß sie Zeitpunkt und Auswirkungen von Trendbrüchen nicht erkennen.

Qualitative, eher intuitive Prognosen dagegen sind zwar illustrativ, gleichermaßen jedoch auch stark spekulativ und können schwer operationale Handlungsanweisungen für unternehmenspolitische Entscheidungen geben. Skepsis ist also angebracht.

Allerdings glaube ich, daß das, was sich im nächsten Jahrzehnt ereignen wird, gar nicht so spektakulär sein wird. Das heißt, auch noch in 15 Jahren wird sich der Mensch ähnlich ernähren wie heute; es wird keine gravierenden Einstellungs- und Verhaltensbrüche geben. Die Veränderungen werden sich eher in Form leichter evolutionärer Prozesse abspielen.

Zudem lassen sich keine Verhaltensmuster antizipieren, die heute noch nicht existent sind. Solange z.B. Sojabohnen-Erzeugnisse in der Bundesrepublik noch nicht richtig vermarktet werden, läßt sich auch nicht voraussehen, ob sie in 10 oder 15 Jahren regelmäßig auf den Speisezetteln der Bundesdeutschen stehen werden. Die Auswirkungen dieses Ereignisses lassen sich erst dann abschätzen, wenn der Zeitpunkt des Eintreffens feststeht.

Mit anderen Worten: Ich kann nur versuchen, darzulegen, in welcher Weise und in welchem Maße bestimmte Ernährungsmuster auf breiterer Ebene in der Gesamtbevölkerung diffundieren werden, die sich schon heute bei kleineren Bevölkerungsgruppen beobachten lassen. Was im Jahre 2000 in breiterer Anbindung da sein wird, läßt sich damit bereits heute beobachten, sowohl in der Technologie als auch im Verhalten der Erwachsenen von morgen. Im folgenden sollen einige demographische und soziologische Aspekte dargestellt werden, die sich mittelfristig auf das Ernährungsverhalten auswirken werden:

1. Demographische Aspekte

Altersaufbau:

Der seit Anfang der 70er Jahre zu verzeichnende Rückgang der bundesdeutschen Gesamtbevölkerung wird sich auch weiterhin fortsetzen. Die
deutsche Wohnbevölkerung von gegenwärtig 56,7 Mio. Personen wird auf 54,2
Mio. Bundesbürger im Jahre 2000 abnehmen.

Als eine Folge der rückläufigen Bevölkerungsentwicklung wird sich auch der
Anteil der Altersgruppe bis unter 30 Jahren an der Gesamtbevölkerung stark
reduzieren. Zum Teil kompensiert wird diese Entwicklung durch den
überproportionalen Anstieg des Anteils der konsumstilprägenden Gruppe der
31- bis 45jährigen und der über 60jährigen. Der starke Anstieg beider
Altersgruppen, die mit je rund 14 Mio. Personen im Jahre 2000 auch
zahlenmäßig am stärksten besetzt sein werden, ist durch die geburtenstarken
Jahrgänge zu Beginn des Zweiten Weltkrieges und Anfang der 60er Jahre
begründet.

Konsequenzen für das Ernährungsverhalten ergeben sich durch die unterschiedlichen Bedarfsstrukturen der verschiedenen Altersgruppen. So verzehren ältere Menschen u.a. relativ mehr Fleisch und Kartoffeln aber auch
Obst. Jüngere Menschen präferieren dagegen Erfrischungsgetränke und
Molkereiprodukte.

Haushaltsstruktur:

Die Anzahl der Haushalte wird trotz des Bevölkerungsrückgangs von 19,4
Mio. im Jahre 1961 auf 23,3 Mio. im Jahre 2000 ansteigen. Bedingt wird dies
durch den starken Anstieg von Kleinsthaushalten (1 und 2 Personen), bei
gleichzeitigem Rückgang der 3- und Mehr-Personen-Haushalte.

Die Ursachen für diese Umschichtungen sind in der Zunahme des Anteils
alleinlebender - älterer und jüngerer - Menschen, der gesunkenen Zahl von
Eheschließungen, der Abnahme der Kinderzahl pro Familie sowie der

Die Verschiebungen in der Haushaltsstruktur werden auch nachhaltige Auswirkungen auf das Ernährungsverhalten haben. So sinken mit abnehmender Haushaltsgröße die Ausgaben für Nahrungsmittel an den Ernährungsgesamtausgaben, während die anteiligen Ausgaben für Genußmittel und Außer-Haus-Verzehr zunehmen.

Bildungsniveau:

Das hohe Bildungsniveau wird auch in den kommenden Jahren weiter zunehmen. Während der Anteil der Personen mit Hauptschulabschluß von gegenwärtig 73 % auf 59 % im Jahre 2000 zurückgehen wird, steigt der Anteil der Bundesdeutschen mit Mittlerer Reife und Abitur von gegenwärtig 27 % auf 41 % an. Im gleichen Zuge werden auch Fort- und Weiterbildungsmaßnahmen eine immer größere Bedeutung zukommen.

Konsequenzen für das Ernährungsverhalten leiten sich daraus ab, daß mit steigendem Bildungsniveau auch ein höherer Lebens- und Konsumstil gepflegt wird, der nicht allein durch die Ausgabenhöhe, sondern auch durch die Art der Verwendung gekennzeichnet ist. So bestehen bei gebildeteren Personen klare Präferenzen für qualitativ höherwertige Produkte und für teurere, ausgefallenere, einen individuellen Stil demonstrierende Marken. Der Außer-Haus-Verzehr wird auch hier in gleichem Maße zunehmen.

Struktur der Erwerbspersonen:

Bedingt durch das gestiegene Bildungsniveau wird auch die Zahl der vorwiegend geistig tätigen Angestellten weiterhin wachsen, während die Zahl der überwiegend körperlich tätigen Arbeiter rückläufig ist. So ist die Zahl der Arbeiter von 1965 bis heute um 20 % zurückgegangen; die Zahl der Angestellten hingegen hat sich im gleichen Zeitraum auf über 40 % erhöht.

Diese Entwicklung wird Ende der 80er Jahre dazu führen, daß es erstmals mehr Angestellte als Arbeiter geben wird.

Die von Fourastier formulierte These der Verlagerung von der primären über die sekundäre zur tertiären Produktion, also zur Dienstleistungsgesellschaft, findet auch hier ihren Niederschlag.

Die von Fourastier formulierte These der Verlagerung von der primären über die sekundäre zur tertiären Produktion, also zur Dienstleistungsgesellschaft, findet auch hier ihren Niederschlag.

Auch hier lassen sich Ernährungsunterschiede feststellen: Da Arbeiter einen anderen Energiebedarf als Angestellte besitzen, bevorzugen sie auch unterschiedliche Nahrungsmittel. Arbeiter essen mehr Fleisch, Kartoffeln, Eier und Brot und trinken mehr Milch. Angestellte essen mehr Gemüse und Käse. Besonders auffallend ist der deutlich höhere Außer-Haus-Verzehr der Angestellten.

Zusammenfassend lassen sich damit fünf Thesen über die zukünftigen soziodemographischen Strukturveränderungen aufzeigen, die in erheblichem Maße auch das Ernährungsverhalten tangieren werden:

Der Altersaufbau der deutschen Bevölkerung verändert sich drastisch.

Der klassische Mehr-Personen-Haushalt ist weiterhin auf dem Rückzug.

Das Bildungsniveau steigt weiter.

Die Umschichtung vom 'Blaumann' zum 'Weißkittel' setzt sich fort.

Die Einkommen werden eher wieder steigen.

2. Soziologische Aspekte

Neudefinition der Geschlechterrollen:

Vor ca. 10 Jahren konnte Helge Pross in einer repräsentativen empirischen Studie mit dem beziehungsvollen Titel "Die Wirklichkeit der Hausfrau" zu dem Ergebnis gelangen, daß die durchschnittliche Hausfrau nach kurzer Berufstätigkeit bald heiratete und gern den Beruf verließ, um ihren Haushalt und die Familie zu versorgen, oder - um es im Jargon zu sagen - um Mann und Kind zu "bekochen".

In der gleichen Untersuchung wird allerdings auch darauf hingewiesen, daß die Umgebung der Hausfrau ihr auch gar keine andere Wahl läßt. So wird festgestellt: Weil in Deutschland keine Ganztagsschule besteht, kommen die Kinder mittags heim, ein warmes Mittagessen hat pünktlich auf dem Tisch zu stehen.

Seit dieser Untersuchung sind 10 Jahre vergangen; eine neue Müttergeneration ist herangewachsen. Es gibt Anzeichen dafür, daß ihre Lage eine andere geworden ist und sich in der Selbstbewertung ihres Tätigkeitsfeldes gleichfalls ein Wandel vollzogen hat.

Zum einen ist die Reproduktionsphase der jungen Familien noch mehr zusammengeschrumpft; die Geburtenzahlen sind drastisch zurückgegangen. Dies verringert die Bindung an den eigenen Haushalt - z.B. durch eigene Kinder - nachhaltig.

Des weiteren hat die Verbreitung gehobener Bildungsgänge auch für Mädchen im letzten Jahrzehnt deutlich zugenommen. Mit gestiegener Bildung und damit auch mit qualifizierteren Abschlüssen stehen einem weiten Teil dieser neuen Generation junger Frauen attraktive Alternativen zum eigenen Haushalt zur Verfügung.

Die Durchschnittsfrau war ja gerade deswegen gerne in ihren eigenen Haushalt übergewechselt, weil sie mit einem Hauptschulabschluß nur in vergleichsweise unattraktiven Berufslagen tätig werden konnte und dementsprechend die Selbstgestaltungsmöglichkeit im eigenen Haushalt sehr viel höher bewertete, als berufliche Betätigungsmöglichkeiten.

Schließlich haben die Frauen auch zunehmend erkannt, daß Ihr Interesse auf Selbstverwirklichung im Beruf ein legitimes Interesse ist, und zwar eines, das einen Grad an Selbstverständlichkeit erreicht hat, wie es noch der Vorgängergeneration fremd war.

Hierfür sprechen auch das spätere Heiratsalter und die weitverbreitete Tendenz, zunächst unverheiratet zusammenzuleben und das erste Kind relativ spät zu bekommen. Wie einschlägige Untersuchungen zeigen, ist hier ein Konflikt zwischen den Geschlechtern heute schon sichtbar und für die

Zukunft sogar noch verstärkt vorprogrammiert: Während die jungen Ehemänner insgeheim von ihren jungen Ehefrauen eine Replikation der bewährten Rezepte und Verhaltensweise ihrer Mütter erhoffen, fordern die jungen Frauen zunehmend eine paritätische Aufteilung der Haushaltspflichten.

So könnte durchaus eine neue Mischung der Tätigkeitsaufteilung in den Haushalten erfolgen, allerdings nicht im Sinne einer Aufteilung und Austauschbarkeit aller Kompetenzen in Form einer haushaltsbezogenen "Job-Rotation", sondern durchaus so, daß von den jungen Hausfrauen selektiv Entlastung gesucht wird, um dadurch Zeit und Spielraum für Zusätzliches zu gewinnen.

Diese Suche nach Selbstverwirklichung außerhalb des Haushalts dürfte eine bleibende Tendenz sein - trotz der gegenwärtigen Entwicklung auf dem Arbeitsmarkt, die eher dafür spricht, die Frau wieder an Heim und Herd zurückzudrängen.

Das Bild von der gewandelten Rolle der Frau, die sich nicht mehr in die Enklave des Haushalts zurückdrängen lassen möchte, muß jedoch auch durch ein Bild von der gewandelten Rolle des Mannes ergänzt werden. Da der Mann zunehmend in die Belange des Haushalts eingreift, Kaufentscheidungen mitbeeinflußt, wachsen auch seine Kompetenzansprüche. Hier ist es naheliegend, daß spaßmachende Aktivitäten (wie Lebensmitteleinkauf, Kochen) am ehesten angepeilt werden. Somit kommt es zu jener "Lust am Kochen", die vermehrt auch die Männer ergreift. Wiederum ist allerdings dieses männliche Eingreifen recht selektiv; mit dem täglichen Routinekochen möchte man doch nichts zu tun haben.

Wie könnte somit in Zukunft - in leicht karikierender Form - der Ernährungswochenplan eines jungen Ehepaares aussehen?

Wochenplan für zwei junge Doppelverdiener

Er: 30/Sie:32
Beide mit qualifizierter Berufsausbildung, keine Familienambitionen

Montag: Vor dem Kino: Fast Food
                Nach dem Kino: kleines Weinlokal

Dienstag: Nach dem Shopping (Frau ist geschafft)
                "5-Minuten-Terrine" zum Dienstags-Krimi

Mittwoch: Zwanglose Einladung bei Freunden bei
                Quiche Lorraine und Elsaß-Riesling

Donnerstag: Frau bemüht sich, ihre unterentwickelten
                Kochfertigkeiten zu verbessern

Freitag: Kurztrip in die Umgebung; Geheimtip
                muß ausprobiert werden (Riesenportionen zu
                lächerlichen Preisen)

Samstag: Nach spätem Aufstehen: "Frühstücksei mit
                Vivaldi";

                anschließender Marktbesuch: der Mann
                kauft frische Produkte, um ...

                am Abend vor Freunden seine Kochkünste zu
                zelebrieren

Sonntag: Kulturtrip ins Badische

                Nach dem Kunstgenuß abends der Besuch
                eines Gourmetrestaurants, das gerade den
                zweiten Michelinstern erhalten hat.

Dieses Szenario ist übertrieben und überspitzt; aber wir können davon ausgehen, daß die neue Generation andere Eßgewohnheiten hat und möglicherweise diese Verhaltensweisen auch dann aufrechterhalten wird, wenn sich Nachwuchs eingestellt hat, sie in das Establishment hineingewachsen ist.

3. Tendenz zu einem selektiven Gesundheitsbewußtsein

Seit einigen Jahren wird behauptet, daß der Trend zu gesunder Kost den gegenwärtigen Nahrungskonsum stark präge. Dies ist in der jüngsten Vergangenheit insbesondere durch die Ausbreitung der alternativen bzw. biologisch erzeugten Nahrungsmittel gekennzeichnet gewesen. Diejenigen, die diese Produkte generell für besser halten als herkömmliche Nahrungsmittel, begründen dies vor allem mit dem Gesundheitsargument.

Es dürfte unbestritten sein, daß die Gesundheit in Zusammenhang mit Nahrung und Genuß auch weiterhin ein Dauerthema sein wird. Davon unabhängig bleibt allerdings die Frage, ob und in welchem Ausmaß ein geschärftes Gesundheitsbewußtsein auch das herkömmliche Ernährungsverhalten beeinflussen wird.

Wir gehen davon aus, daß die pauschale Rede von einem sich ausbreitenden neuen Gesundheitsbewußtsein die gegenwärtig und künftig stattfindende Entwicklung nicht angemessen wiedergibt. In der Tat läßt sich zunächst einmal belegen, daß die Zahl derer, die vorgeben, bei der Ernährung auf ihre Gesundheit zu achten, in den letzten Jahren nicht bzw. nur unwesentlich zugenommen hat.

Angesichts dieser Tatsache kann man allenfalls von einer Tendenz zum selektiven Gesundheitsbewußtsein sprechen, die zudem oftmals nur sehr vordergründig in Erscheinung tritt. Gestützt wird die Tendenz durch einige Ideologien, die allerdings zum Teil durchaus modischen Charakter haben. Generelle Linien lassen sich vielleicht im Hinblick auf "Schlankheit als Wert" ausmachen, ferner hinsichtlich "Sportlichkeit" und "Jugendlichkeit".

Diese und ähnliche Ideologien werden durch die Medien verbreitet und abgestützt, und die Werbung macht sich solche Ideologien zunutze. Verbreitet sind auch ständige Vorschläge über Diäten, wobei das Durchhaltevermögen der Betroffenen in der Regel sehr begrenzt und die Rückkehr zur vorherigen Lebensweise recht wahrscheinlich ist.

Das heißt, der Mensch gibt zwar vor, sich gesundheitsbewußt zu verhalten, auf der anderen Seite lebt er aber gern nach dem etwas überspitzt formulierten Motto: "Was mir schmeckt, ist auch gesund". Der Mensch ist also ein Meister im Rationalisieren, zumal ihm ja auch die offizielle Medizin die beruhigende Erkenntnis liefert, daß der schlanke, sich in der Askese übende Mensch beileibe nicht unbedingt auch ein gesunder Mensch sein muß. Eine Erkenntnis im übrigen, die schon gar nicht nur den aktuellen Zeitgeist beschreibt.

Nahezu jeder kennt die drei zivilisatorischen Schrittmacher des Todes:

Nikotinkonsum, Bewegungsmangel und falsche Ernährung.

Änderungen dieses krankheitsfördernden Fehlverhaltens sind nicht festzustellen.

Es wird kaum weniger geraucht, nicht weniger getrunken, nicht weniger fett gegessen.

80 % der Bundesbürger betrachten die Gesundheit als das höchste und erstrebenswerteste Gut, andererseits räumen nur 6 % des Personenkreises ein, daß man durch das eigene Verhalten seine Gesundheit gefährden könnte.

Damit steht die ausgeprägte Sehnsucht nach Gesundheit im krassen Gegensatz zu der mangelnden Bereitschaft, mit Einsicht und Vernunft eigene Krankheiten zu vermeiden. Es scheint so, als ob sich die Menschen daran gewöhnt haben, alle Erleichterungen und Vorteile neuer Technologien und Konsumgüter in ihrem Lebensbereich zu integrieren, um so den ihnen selbstverständlich erscheinenden Anspruch auf höhere Lebensqualität zu verwirklichen.

Mit dem Begriff 'Ernährungsnot' verbinden wir im allgemeinen Vorstellungen über Nahrungsmangel und Hungerkrisen. Dabei wird aber leicht übersehen, daß die sogenannten Industrienationen mit einer Form der Ernährungsnot, nämlich dem Ernährungsfehlverhalten in Form der Überernährung, konfrontiert werden. Es scheint so, als ob wir den Globus in Zonen des Hungerbauches und Zentren des Schmerbauches aufteilen könnten.

Schon Epikur, der im Jahre 270 v. Chr. gestorbene, wegen seines musterhaften Lebens gerühmte Athener, erkannte, daß der Mensch nach Lust strebt und zu vermeiden sucht, was Unlust bereitet. Auch, daß er zwei Arten von Lust kennt, die Lust der Ruhe und die Lust der Bewegung, wobei er die in der Ruhe höher schätzt, weil die in der Bewegung meist mit Anstrengung oder gar Schmerz erkauft wird. Anders gesprochen: Gut Essen, Trinken machen mehr Spaß als Joggen, Denken oder gar Arbeiten.

Deshalb ist es auch keine Überraschung, wenn Mediziner eigentlich immer wieder feststellen: die große Mehrheit der Bevölkerung kennt zwar die Bedeutung der Gesundheit und gibt auch vor, gesundheitsbewußt zu leben; die Diskrepanz zwischen Einstellung und Verhalten bleibt jedoch bestehen, denn nach wie vor konsumiert der Mensch zuviel Fett, zuviel tierisches Eiweiß, zuviel Zucker.

Das heißt, trotz des sicherlich sozial erwünschten Verhaltens, sich gesundheitsbewußt zu ernähren, und trotz steigender Ausgaben für Sportgeräte, Hanteln oder auch High-tech-Heimtrainer ist der Anteil derjenigen, die sich im Sinne der Schulmedizin gesund ernähren, nicht gestiegen, sondern wahrscheinlich eher weniger geworden.

Vor die Alternative gestellt, "übertriebene Gesundheit oder Genuß", entscheidet sich der Verbraucher der heutigen Tage eher für den Genuß. Das gesunde Lebensmittel hat nur dann eine Chance, wenn das Kriterium des guten Geschmacks erfüllt wird.

Insofern ist das Gesundheitsargument häufig genug eine Rechtfertigungsstrategie für alle möglichen Ernährungsgewohnheiten. Im einzelnen lassen sich prinzipiell folgende Richtungen der Gesundheitsideologie ausmachen:

Bevorzugung von kalorienarmen Nahrungsmitteln; diese Tendenz hat bereits wieder abgenommen, da kalorienarmen (= fettarmen) Nahrungsmitteln geschmackliche Vorbehalte entgegengebracht werden.

Richtige Zusammensetzung (Ausgewogenheit) der Nahrung; es wird heute verstärkt Wert auf bestimmte Kombinationen aus Kohlehydraten, Fett, Eiweiß, Vitaminen, usw. gelegt.

Betonung bestimmter Nährstoffqualitäten, also z.b. vitaminreich, fettarm, ballaststoffreich, usw.

Trend zu natürlichen, naturbelassenen Nährstoffen; hier sind z.b. angesprochen Bio-Produkte, naturbelassene Produkte, durchgegorene Weine, usw..

Hier scheinen also verschiedene Optionen möglich und es entstehen höchst individuelle Profile selektiven Gesundheitsbewußtseins.

4. Rückbesinnung auf alte, traditionelle Werte

Eng im Zusammenhang mit der Ausbreitung des neuen, selektiven Gesundheitsbewußtseins steht die Tendenz zur Rückbesinnung auf natürliche Vorgaben. Dabei geht es nicht allein um naturbelassene oder natürliche Nahrungsmittel, sondern auch um die Wiederbelebung bewährter, traditioneller Rezepte, um die Renaissance alter Haustechniken (Einwecken, Kaffeemühle); hier erscheint die ehemalige Hausmannskost unter neuem Vorzeichen.

Die Aufdeckung des Historischen, die Pflege landsmannschaftlicher Tradition und die Wiederbelebung handfester, derber und rustikaler Bräuche spricht hier eine deutliche Sprache.

Das Deftige und Rustikale wird häufig als Kontrastprogramm, als eine Art Abkehr von jenen Überzüchtungen angesehen, die sich in der Edel-Freßwelle längst totgelaufen haben. Kann nun dieser Trend als Rückkehr zum Schlichten, zum Einfachen und Natürlichen angesehen werden, oder vollzieht sich hier eher die Fortentwicklung eines begonnenen Trends?

Es scheint wohl eher das letztere der Fall zu sein; denn die neue Schlichtheit oder die neue Natürlichkeit ist eher eine Natürlichkeit aus zweiter Hand. Das Einfache und Natürliche wird darin hochstilisiert zu einem höheren Konsumniveau; der Trend läßt sich vielleicht am ehesten so illustrieren:

satt essen - gut essen - fein essen - edel essen - edel-schlicht-essen

Diese neue Natürlichkeit bezieht auch den gesamten Kontext mit ein, in dem Essen stattfindet. Die Rückkehr zur Wohnküche, etwa in Form des Raumteilers, die Wiederbelebung der Stoffserviette, die Verwendung feiner Bestecke oder Porzellane sind Beispiele, die vergangene Formen des Lebensstils nunmehr auf gehobenem Niveau wiederkehren lassen.

Jenseits dieser neuen Natürlichkeit - als einer Natürlichkeit aus zweiter Hand - sollte jedoch auch jener Verbrauchergruppe gedacht werden, die Natürlichkeit als ehrlichen Verhaltenstrieb ansieht.

5. Essen und Trinken jenseits der physiologischen Dimension

Vielfach wird behauptet, der Konsum unserer Tage verliere seinen instrumentalen Charakter; der Grundnutzen trete zurück gegenüber einer mehrdimensionalen Zwecksetzung: Nicht die Besitztatbestände (ich habe ..., ich verfüge ..., ich besitze ...) seien entscheidend, sondern die angemessene Art der Verwendung dieser Güter.

In der Tat steht einer Nivellierung und Egalisierung des Kaufverhaltens sowie von Besitztatbeständen eine zunehmende Differenzierung im Verwendungsbereich gegenüber, die zugleich als Signalgeber für Selbstdarstellung und Statusgefühl in Erscheinung tritt.

Dies stimmt mit der Beobachtung überein, daß bestimmte Lebensstile nicht so sehr auf das quantitative Niveau der Lebenshaltung - also der Ausgabenhöhe und dem Lebensstandard - abstellen, sonden eher auf die Unterschiede im Bereich der Verwendung.

Wollte man diesen Aspekt schlagwortartig umreißen, so könnte man sagen, vom Lebensstandard zum Lebensstil, vom Prestige des Besitzes zum Prestige der Verwendung.

Die Entwicklung vom Lebensstandard-Denken zum Lebensstil-Denken zeigt sich am ehesten in einem Wandel der früheren Devise "Ich bin, was ich ausgeben kann" zu einem neuen Motto: "Ich bin, wie ich es ausgebe".

Essen und Trinken werden in diesem Zusammenhang eine Art "Vehikel" zur Demonstration eines spezifischen Lebensstils, zum Signalgeber für den Status eines Menschen.

Stilfragen beim Essen und Trinken werden deshalb immer wichtiger werden, denn Eßkultur wird bewußt nach außen demonstriert, der Zugang zur "Haute Cuisine" zum Ausweis kultivierter Lebensart. Damit wird Essen und Trinken aber auch zunehmend modischen Einflüssen unterliegen. Exotisches Essen wird zum Allgemeingut, exquisite Marken, Genußtrips, Kenntnis besonderer "Genußstätten" zu einer Art Kulturwährung.

Sich Genuß zu leisten ist damit ein erstrebenswertes Ziel, gleichsam als Umkehr des puritanischen Ethos der Nachkriegszeit "Wehe ihr genießt!" in die Genußmoralität der heutigen Zeit "Wehe ihr genießt nicht!".

Die Frage stellt sich, wie sich aufgrund der demographischen und soziologischen Faktoren der Stellenwert der Ernährung ändern könnte.

Der Anteil der Nahrungs- und Genußmittel an den Gesamtausgaben ist in den letzten 20 Jahren stetig gesunken. Dieser Rückgang läßt sich u.a. mit dem "Engel-Schwabschen Gesetz" erklären, wonach bei steigendem Haushaltseinkommen der Ausgabenanteil für Nahrungsmittel abnimmt.

Trotz dieser für die Ernährungsindustrie wenig befriedigenden Entwicklung zeichnet sich für die kommenden Jahre eine Trendwende ab, für die mit einem zumindest nicht weiter rückläufigen, möglicherweise sogar mit einem eher leicht ansteigenden Anteil gerechnet werden kann.

Für eine solche Entwicklung sprechen mehrere Indizien:

Das Essen wird noch stärker als bisher nach qualitativen Gesichtspunkten bewertet werden. Schon heute läßt sich - wie aktuelle Untersuchungen belegen - feststellen, daß der Verbraucher beim Kauf von Lebensmitteln keine Qualitätskompromisse eingeht.

Aufgrund vorliegender Untersuchungen ist heutzutage nur für 23 % der Verbraucher der Preis beim Kauf von Nahrungsmitteln ausschlaggebend, während 77 % der Qualität oberste Priorität einräumen.

Dieser Trend wird auch in Zukunft - und das nicht zuletzt aufgrund der jüngsten Lebensmittelskandale - dahin gehen, daß der Verbraucher beim Kauf von Lebensmitteln zugunsten hoher Qualität auch bereit ist, Abstriche am Preis hinzunehmen.

Die wachsende Sensibilisierung des Verbraucherbewußtseins über Herstellung und Zusammensetzung von Nahrungsmitteln läßt daher die Qualitätsgarantie und das Qualitätsimage mehr denn je zum erfolgbestimmenden Faktor einer Marke werden.

Die Freizeit der Bundesbürger hat in den letzten Jahren stetig zugenommen. Diese Entwicklung, die sich auch weiterhin fortsetzen wird, ist hauptsächlich auf einen Rückgang der Jahresarbeitszeit (Kürzung der Wochenarbeitszeit, Verlängerung des Urlaubs) und eine Verkürzung der Lebensarbeitszeit zurückzuführen. Daneben tragen auch Arbeitserleichterungen bei der Hausarbeit zu einer Erhöhung der freiverfügbaren Zeit bei.

Die vermehrte Freizeit wird für andere Essensformen sorgen; die Zwischenmahlzeit wird an Bedeutung gewinnen. Darüber hinaus wird das mit den Reisen verbundene Eßerlebnis Bestandteil der Freizeitbeschäftigung der Bundesbürger werden.

Die zunehmende Diffusion eines genußorientierten Lebensstils wird dazu beitragen, daß das Essen auch bei mittleren sozialen Schichten eine konsumstilprägende Funktion erhalten wird.

Während im Jahre 1965 der Außer-Haus-Verzehr nur 6 % der Ausgaben für Nahrungs- und Genußmittel ausmachte, stieg dieser Anteil bis 1984 auf 14 %. Es ist sogar damit zu rechnen, daß dieser Anteil in den nächsten 10 Jahren weiter ansteigen wird; denn mit steigendem Einkommen wächst der Außer-Haus-Verzehr.

Die Art und Weise, wie und in welchem Umfeld der Mensch essen wird, bestimmt zwangsläufig auch das, was er essen wird.

Ohne hier im einzelnen auf schon dargestellte Trends zurückzukommen, soll versucht werden, die sich abzeichnenden Tendenzen zu 3 Prototyp-Ernährungsstilen, die das Ernährungsverhalten komplex beschreiben, zu verdichten. 3 Symbole setzen dabei gleichsam die Schlaglichter für das zukünftige Ernährungsverhalten:

Der "Hamburger" als Symbol für das schnelle, unkomplizierte Essen, und damit auch für die Fertigkost

Die Champagnerflasche als Symbol für die wachsende Genußmoralität, aber auch als eine Möglichkeit, Konsumstil zu demonstrieren

Der Joghurtbecher als Symbol für das Bedürfnis nach Gesundheit, Fitneß und Frische

Diese 3 Symbole verdeutlichen die Ansprüche des modernen Verbrauchers in der Zukunft an die Ernährung:

Der Fertigkost als Möglichkeit, sich schnell, unkompliziert (Convenience) aber auch vielfältig und originell (Abwechslung) und ohne Verpflichtung anderen gegenüber zu ernähren, wird eine wachsende Bedeutung zukommen.

Zwar bleibt der Verbraucher industriell gefertigten Lebensmitteln gegenüber wachsam, auf der anderen Seite ist jedoch der bekannte Markenartikel für ihn der Garant für Unbedenklichkeit und damit auch der Qualitätssicherheit.

Zum Kontrapunkt der Fertigkost wird die Champagnerflasche, die gleichsam als Gegensatz, aber auch komplementär die wachsende Genußmoralität des Verbrauchers symbolhaft charakterisiert.

Die Genußorientierung ist verbunden mit einer demonstrativen Attitüde; das Essen eröffnet ihm die Perspektive einer konsumstilprägenden Wirkung. Die Kenntnis der Etikette und Etiketten wird zum Ausweis einer Eßkultur, dokumentiert dabei den sozialen Status des Verbrauchers.

Wiederum erfüllt hier die Marke und die durch sie garantierte Qualität eine Wegweiserfunktion, wird zum Ausdruck der praktizierten Lebensart. Nicht zuletzt der Genußaspekt sowie die wachsende konsumstilprägende Wirkung werden den Stellenwert der Ernährung erhöhen.

Der gleichsam ausgeprägte Wunsch nach Gesundheit ist dabei nur ein scheinbarer Widerspruch zur Genußmoralität. Der Verbraucher hält sich die verschiedenen Optionen frei, weil Geschmack und Gesundheit sich nicht auszuschließen brauchen; denn übertriebene Öko-Ernährung lehnt er - gerade wegen geschmacklicher Vorbehalte - ab.

Wie überhaupt feststellbar ist, daß der Wunsch, sich gesund zu ernähren, oft genug nur ein Lippenbekenntnis ist, denn letztlich setzt der Verbraucher den Geschmack vor die Gesundheit.

Der für ihn entstehende Konflikt zwischen Geschmack und Gesundheit wird dabei am ehesten aufgelöst durch Produkte, die ihm beides liefern, wie z.B. Molkereiprodukte. Gerade deshalb steht der Joghurt als Symbol für eine Warengruppe, die geradezu in optimaler Weise in der Lage ist, den Wunsch nach Geschmack und Frische zu erfüllen und dabei auch die Rechtfertigung zu liefern, sich gesund zu ernähren und dem Verbraucher damit einen kleinen Schritt auf dem beschwerlichen Weg zur angestrebten und demonstrierten Fitneß weiterzuhelfen.

Molkereiprodukte werden also Dauerkonjunktur haben.

Diese 3 Ernährungsstile sind nicht voneinander scharf abgegrenzt, sondern können durchaus von einer Person wechselweise oder nebeneinander praktiziert werden.

6. Die Zusammenfassung meiner Ausführungen konzentriert sich auf die Fragen:

Wie wird der Mensch essen?

Was wird der Mensch essen?

Eine wichtige Entwicklungslinie erscheint die Eröffnung von Optionen zu sein, von freien Wahlmöglichkeiten, von Alternativen mit Abwechslung.

Der Begriff 'Abwechslung' bezieht sich hier nicht lediglich darauf, daß abwechslungsreich gekocht, zubereitet und gegesssen wird, sondern 'Abwechslung' heißt hier auch, daß dem Essen und Trinken situationsspezifisch ein unterschiedlicher Stellenwert eingeräumt wird.

Dabei kommt es zu wechselnden Verhaltensstilen: einmal teuer, das andere Mal billig, je nach Situation verfeinert oder naturbelassen; in Alltagssituationen "rasch-rasch", in besonderen Situationen ausführlich, ausgiebig, ausgedehnt, je nachdem ob das Essen zum zentralen Ereignis oder aber "en passant" zu sich genommen wird.

Dieses spricht für eine Erweiterung des Ernährungsspektrums, beginnend bei "Fast Food" und sogleich verfügbarer Fertigkost bis hin zum Essen und Trinken als gleichsam "kultische" oder kultivierte Handlung, wobei gerade bei letzterem Stilfragen, Accessoires eine größere Rolle spielen.

Trotz des Wandels von körperlicher zu geistiger Arbeit, aller Appelle, aller Empfehlungen für gesundheitsbewußte Ernährungsweise wird sich der Verbrauch an Nahrungsenergie pro Kopf auch in den nächsten 15 Jahren, die uns vom Jahr 2000 trennen, nur unwesentlich ändern.

Fortsetzen dürfte sich allerdings die Umschichtung zu höherwertigen Formen der Ernährung. Dieser Trend zum qualitativ höheren bei gleichbleibender Menge wird - entgegen verbreiteter Auffassung - zu einem Ansteigen des Stellenwertes der Ernährung führen. Begünstigt durch wachsende Freizeit, steigende Einkommen, höheres Bildungsniveau, zunehmenden Außer-Haus-Verzehr wird damit auch ein wieder wachsender Anteil für Ernährung an den Gesamtausgaben des privaten Verbrauchs wahrscheinlich.

Die einzelnen Produktgruppen werden von dieser Entwicklung sehr unterschiedlich betroffen sein. Durchgängig ist jedoch, daß die Qualität zu einem maßgeblichen Kriterium des Kaufentscheides wird, daß aber auch die Akzeptanz der industriell gefertigten Lebensmittel ihren hohen Wert behalten wird.

Zusammenfassend lassen sich damit 8 Thesen aufstellen:

Der Stellenwert der Ernährung wird steigen.

Die Qualität wird eine noch größere Rolle spielen.

Der Außer-Haus-Verzehr wird weiter zunehmen.

Die einzelnen Warengruppen werden sich differenziert entwickeln; positiv vor allen Dingen Molkereiprodukte (Joghurt, Käse) sowie auch Frischprodukte (Obst, Gemüse). Der Trend zu hochwertig verarbeiteten Getreideprodukten wird sich fortsetzen.

Genußmittel und Süßwaren werden sich uneinheitlich entwickeln; d.h. Wein, Sekt aber auch Süßwaren dürften sich überdurchschnittlich entwickeln.

Wachsendes Umweltbewußtsein fördert den Konsum von naturbelassenen Lebensmitteln.

Industriell gefertigte Lebensmittel behalten ihre hohe Akzeptanz.

Die Menschen werden weiterhin zuviel Nahrungsenergie aufnehmen.

Diese Entwicklung wird flankiert durch die technologische Entwicklung, die dem Ernährungsstil im Jahre 2000 entgegenkommt.

Die Verbesserung kalter Konzentrationsverfahren und die Reduzierung der zur Haltbarmachung eingesetzten Wärmemengen bewirken eine bessere Erhaltung von Textur, Aromen und Vitaminen.

Enzymatik und Fermentation bieten die Chance gesunder, interessanter neuer Produktformen.

Die Gen-Technologie versucht, Pflanzenzüchtungen mit optimierten Eigenschaften zu verwirklichen: Stickstoff-Speicherung aus der Luft, weniger Pflanzenschutzmittel, gesteigerte Proteinwertigkeit und neue Geschmacksstoffe bedeuten dann eine bessere Rohstoffbasis für qualitativ hochwertige Produkte.

Computerisierte Prozeß-Steuerung bei gleichzeitiger physikalischer Kontrolle sichern einen optimalen Qualitätsstandard. Bei der Herstellung kurzlebiger, frischer Produkte wird eine enge Zusammenarbeit von Hersteller und Handel erforderlich sein.

Ästhetisch ansprechende, umweltfreundliche Verpackungen werden zum Bestandteil eines zeitgemäßen Produktangebotes; die umfassende Medienversorgung garantiert lückenlose Information der Verbraucher.

Daß diese Perspektiven dennoch nicht dazu führen, das Hauptproblem der Ernährung, nämlich das kalorienmäßige Zuviel, zu lösen, mag in der menschlichen Schwäche gegenüber dem, was Genuß ist und ausmacht, zu sehen sein.

Heinz Erhardt hat sich dieses Thema's einmal sehr treffend in einem Zehnzeiler angenommen:

> Alte Brötchen, saure Weine,
> ein Salatblatt, Guß auf Beine,
> Hunger nagt im Magensektor
> und er knurrt wie draußen Hektor.

Will nicht mehr gesund und schlank sein,
will dann lieber dick und krank sein.
Kehrt zurück ihr großen, fetten
Schnitzel oder Schweinskoteletten
und auch ihr, ihr Leibbeschwerden.
Bin es satt, nie satt zu werden.

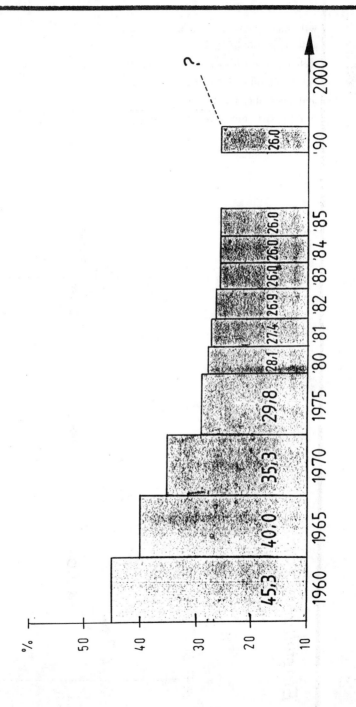

Anteil der Ausgaben für Nahrungs- und Genußmittel an den Gesamt -
ausgaben des privaten Verbrauchs von 1960 — 2000

QUELLE : STATISTISCHES BUNDESAMT , EIGENE BERECHNUNGEN

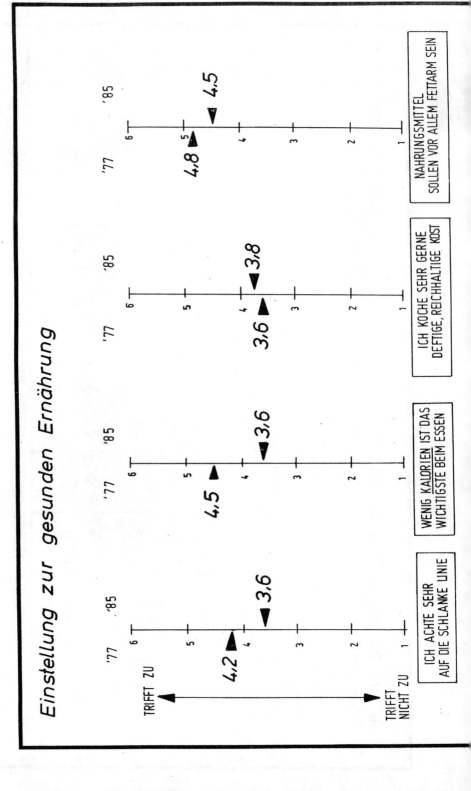

Das Ernährungsverhalten in Abhängigkeit der Haushaltsgröße

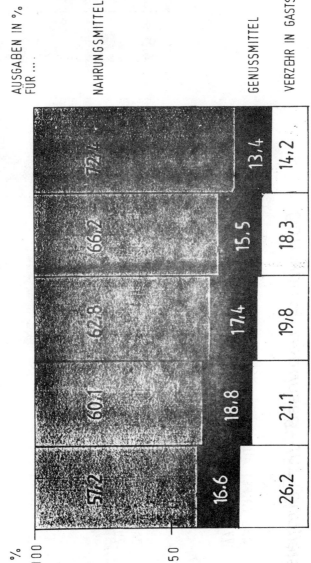

%
100

50

AUSGABEN IN %
FÜR ....

NAHRUNGSMITTEL

57,2	60,1	62,8	66,2	72,4
16.6	18,8	17,4	15,5	13,4
26,2	21,1	19,8	18,3	14,2

GENUSSMITTEL

VERZEHR IN GASTSTÄTTEN

EIN-PERSONEN- ZWEI-PERSONEN- DREI-PERSONEN- VIER-PERSONEN- FÜNF-UND MEHR
HAUSHALT   HAUSHALT   HAUSHALT   HAUSHALT   PERS. HAUSHALT

QUELLE : STATISTISCHES JAHRBUCH ÜBER ERNÄHRUNG LANDWIRTSCHAFT UND FORSTEN

Beachtung gesunder Ernährung

FRAGE : WAS TRIFFT AUF SIE ZU ?

Vorgaben, in %

ICH ACHTE SEHR GENAU
DARAUF, MICH GESUND
ZU ERNÄHREN

...... IM GROSSEN UND
GANZEN

ICH FINDE ES NICHT SO WICHTIG

ICH KÜMMERE MICH ÜBERHAUPT
NICHT DARUM

1978

17
66
11
6

1983

16
72
9
3

1985

20
65
11
3

Entwicklung der deutschen Wohnbevölkerung

JAHR	1970	1975	1980	1983	1990	2 000
Bevölkerung in Mio	57.7	57.7	57.2	56.7	56.0	54.2

QUELLE : STATISTISCHES BUNDESAMT

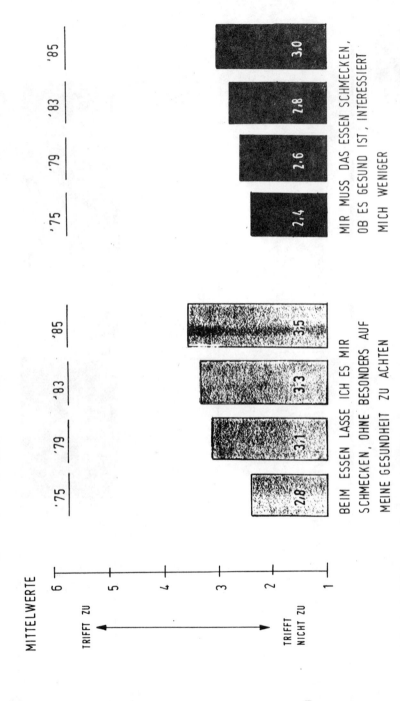

Einstellungsänderung von der Gesundheit zum Genuß

MITTELWERTE

TRIFFT ZU

TRIFFT NICHT ZU

'75   '79   '83   '85

BEIM ESSEN LASSE ICH ES MIR
SCHMECKEN, OHNE BESONDERS AUF
MEINE GESUNDHEIT ZU ACHTEN

2,8   3,1   3,3   3,5

MIR MUSS DAS ESSEN SCHMECKEN,
OB ES GESUND IST, INTERESSIERT
MICH WENIGER

2,4   2,6   2,8   3,0

GfK
Markt-
forschung

Verbrauch von Nahrungsenergie pro Person und Tag im Zeitablauf

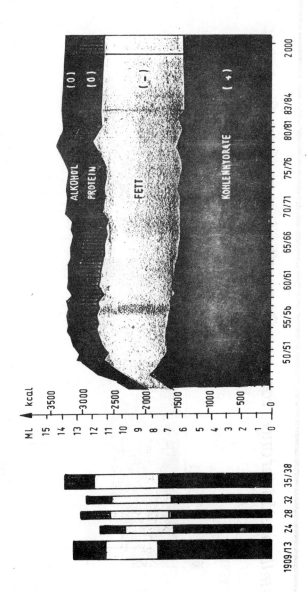

QUELLE : ERNÄHRUNGSBERICHT 1980 / 1984 , EIGENE BERECHNUNGEN

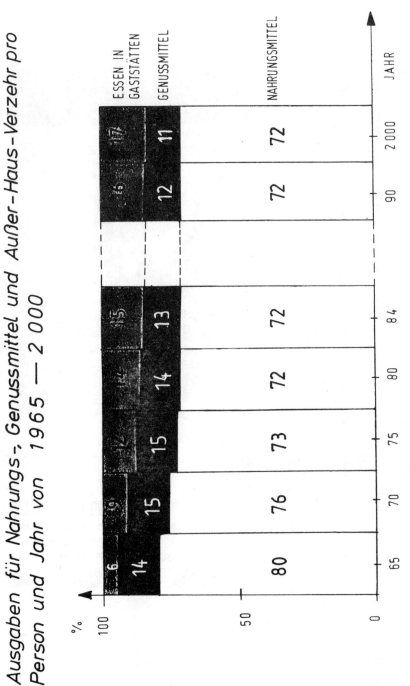

Ausgaben für Nahrungs-, Genussmittel und Außer-Haus-Verzehr pro Person und Jahr von 1965 — 2 000

QUELLE : STATISTISCHES BUNDESAMT : EIGENE : BERECHNUNGEN

ARBEITSZEIT – FREIZEIT

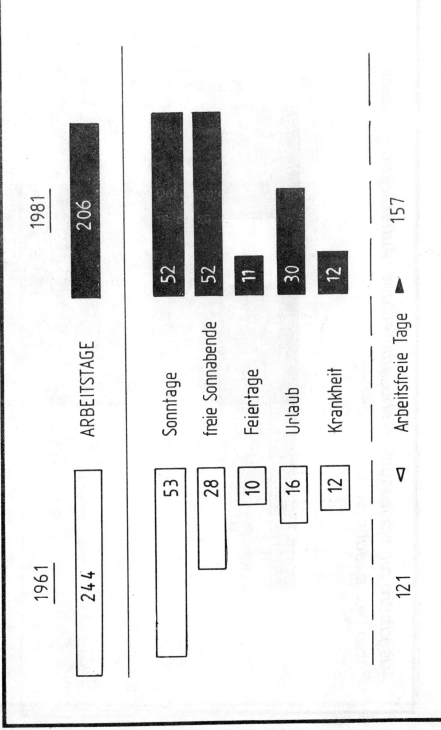

	1961	1981
ARBEITSTAGE	244	206
Sonntage	53	52
freie Sonnabende	28	52
Feiertage	10	11
Urlaub	16	30
Krankheit	12	12
Arbeitsfreie Tage	121	157

Wichtige soziodemografische Strukturveränderungen im Zeitablauf

	GESTERN	HEUTE	MORGEN	
JUNGE, UNTER 30 JAHRE	26	24	16	MIO
ALTE, ÜBER 60 JAHRE	10	12,5	14,5	MIO
ABITUR, MITTLERE REIFE	22	28	41	%
ARBEITER	13	9,5	8	MIO
ANGESTELLTE	7	9,5	10	MIO
ARBEITSZEIT	1900	1735	1600	STD
1+2 PERSONEN-HAUSHALTE	47	60	66	%
3+ MEHR PERSONEN-HAUSHALTE	53	40	34	%
VERFÜGBARES EINKOMMEN	990	3 500	ca. 5 000	DM
KAFFEEMASCHINEN	-	89	ca. 90	%
GEFRIERTRUHEN	0,9	66,4	ca. 70	%
GESCHIRRSPÜLMASCHINEN	-	40	ca. 43	%

Entwicklung der Haushaltsgrößen von 1961 — 2 000
(Privathaushalte mit deutschem Vorstand)

	1961		1970		1980		1990		2 000	
	MIO	%	MIO	%	MIO	%	MIO	%	MIO	%
EIN-PERSONEN-HAUSHALTE	4,0	20,5	5,5	25,0	7,5	30,2	8,3	33,9	7,9	33,9
ZWEI-PERSONEN-HAUSHALTE	5,1	26,5	5,9	27,2	7,1	28,7	7,4	30,2	7,4	31,9
DREI-PERSONEN-HAUSHALTE	4,4	22,5	4,3	19,5	4,4	17,7	4,4	17,7	4,1	17,7
VIER-PERSONEN-HAUSHALTE										
FÜNF-U. MEHR PERS. HAUSHALTE	2,8	14,5	2,8	12,9	2,2	8,8	1,7	6,7	1,0	4,4
G E S A M T	19,4		21,8		24,8		25,3		23,3	

QUELLE : STATISTISCHES BUNDESAMT

GfK Markt-forschung

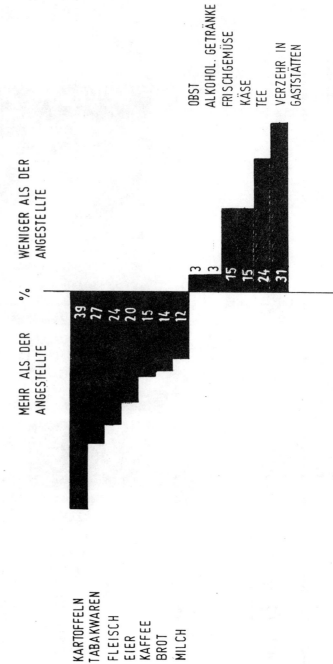

Ernährungsunterschiede zwischen Arbeitern und Angestellten

DER ARBEITER VERZEHRT

MEHR ALS DER   %   WENIGER ALS DER
ANGESTELLTE   ANGESTELLTE

KARTOFFELN — 39
TABAKWAREN — 27
FLEISCH — 24
EIER — 20
KAFFEE — 15
BROT — 14
MILCH — 12

OBST — 3
ALKOHOL. GETRÄNKE — 3
FRISCHGEMÜSE — 15
KÄSE — 15
TEE — 24
VERZEHR IN GASTSTÄTTEN — 31

QUELLE : STATISTISCHES JAHRBUCH ÜBER ERNÄHRUNG , LANDWIRTSCHAFT UND FORSTEN

GfK
Markt-
forschung

Prof. Dr. phil. Wolfgang Protzner, Professor für Didaktik der Geschichte an der Universität Bamberg. Geboren am 31. Juli 1942 in Zülz/Oberschlesien. 1962 Abitur in Kulmbach. Studium der osteuropäischen Geschichte, Zeitgeschichte, Politikwissenschaft und Pädagogik in Erlangen, Würzburg und Bamberg. Lehramtsexamen und Promotion und Schuldienst. Ab 1970 Tätigkeit an der PH / Universität Bamberg. Seit 1978 ehrenamtlicher Bürgermeister der Großen Kreisstadt Kulmbach. 40 Buchveröffentlichungen:

Lehrbücher für Geschichte und Sozialkunde sowie wissenschaftliche Werke zur Medienpädagogik, Alltags- und Regionalgeschichte.

Prof. Dr. Harald Winkel, geboren am 30.5.1931 in Bad Kreuznach, Studium der Wirtschaftswissenschaften an der Universität Mainz, Habilitation 1967, seit 1969 Ordinarius für Wirtschafts- und Sozialgeschichte der RWTH Aachen, seit 1977 Universität Hohenheim, Institut für Sozialwissenschaften, Lehrstuhl für Wirtschafts-, Sozial- und Agrargeschichte, Veröffentlichungen u.a.:

"Die Wirtschaft im geteilten Deutschland 1945-1970", 1974
"150 Jahre mittelrheinische Wirtschaft", 1983
"Die Volkswirtschaft der neueren Zeit", 1985

Prof. Dr. phil. Karl Möckl, Jahrgang 1940, Studium der Geschichte und politischen Wissenschaften u.a. an der Universität München. Seit 1978 Inhaber des Lehrstuhls für Neueste Geschichte an der Universität Bamberg. Seit 1984 Leiter der Büdinger Gespräche zur Erforschung der deutschen Führungsschichten in der Neuzeit. Zahlreiche Veröffentlichungen, darunter:

"Die Prinzregentenzeit. Gesellschaft und Politik während der Ära des Prinzregenten Luitpold in Bayern", 1972
"Der moderne bayerische Staat. Eine Verfassungsgeschichte vom Aufgeklärtem Absolutismus bis zum Ende der Reformepoche", 1979

"Hof und Hofgesellschaft in Bayern in der Prinzregentenzeit", 1985

Prof. Dr. Berthold Thomas, geboren am 1.6.1910 in Berlin, Assistenzzeit am Institut für Müllerei an der damaligen Reichsanstalt für Getreideverarbeitung in Berlin, 15 Jahre leitender Mitarbeiter des Instituts für Ernährungsforschung in Potsdam-Rehbrücke. 1962 Habilitation an der Technischen Universität Berlin für das Fach Getreidetechnologie. Hauptinteresse: Nährwert von Getreideerzeugnissen unter besonderer Berücksichtigung der Ballaststoffe.

Über 400 Veröffentlichungen in Fachzeitschriften neben mehreren Monographien und Beiträgen in Fachbüchern.

Prof. Dr. Walter Feldheim wurde 1926 in Magdeburg geboren. Nach dem Studium der Chemie in Jena war er seit 1954 im Bereich der Ernährungsforschung im Institut der Deutschen Akademie der Wissenschaften in Potsdam-Rehbrücke und seit 1962 im Institut für Ernährungswissenschaft der Universität Giessen. Nach einem Studienaufenthalt am Biochemischen Institut der Universität Oxford habilitierte er sich in Giessen und wurde zum Professor ernannt. Seit 1976 ist er Ordinarius und Direktor des neugegründeten Instituts für Humanernährung und Lebensmittelkunde der Universität Kiel. Hauptforschungsgebiete sind Ballaststoffe und fettlösliche Vitamine. Er ist Mitglied des deutschen Nationalkommitees der Inter. Union of Food Science and Technologie (IUFoST) und Präsident der Deutschen Gesellschaft für Qualitätsforschung (pflanzliche Nahrungsmittel) (DGQ).

Seine Publikationsliste umfaßt über 200 Veröffentlichungen.

Dr. Irmgard Schön, geboren am 16. April 1930 in Podrosche, Niederschlesien. Nach Schulabschluß praktische und wissenschaftliche Ausbildung in Haus- und Landwirtschaft mit Schwerpunkt tierische Produktion. 30 Jahre Fleischforschung, speziell befaßt mit der Beschaffenheit originärer und gegarter Muskulatur und

Fettgewebe, ihren Einflüssen, Wechselbeziehungen und Wirkungsweisen, nationalen und internationalen Standardisierungsproblemen sowie verwertungsorien-
tierter Gütekennzeichnung des Fleischangebotes für Verbraucher.

195 Veröffentlichungen aus dem definierten Arbeitsgebiet.

Benedikt Lauter, geb. am 30.12.1927 in Obermeitingen/Obb., 30 Jahre bei der
Firma Ireks-Arkady, Leitender Angestellter, Leiter der Abteilung Bäckerei-Tech-
nologie. Von 1960-1975 im Werk Hannover, ab 1975 im Werk Kulmbach tätig.

Lutz Aubry, geb. 1928 in Berlin. 1947 nach dem Abitur gleich in die Nahrungsmittelindustrie als Volontär zur Margarine-Verkaufs-Union (Unilever-Gruppe) in
Berlin. Verkaufs-Assistent für Norddeutschland bis 1951; Sprachstudien und
weitere kfm. Ausbildung, als einer der wenigen Nicht-Akademiker Qualifizierung
zum Unilever-Management-Trainee und internationale Marketing Ausbildung bis
1954 in England, Holland und der Schweiz.
1958 mit 30 Jahren Werbeleiter für das grösste deutsche Waschmittelgeschäft
(Sunlicht A.G.), anschliessend bis 1968 Marketingchef für die gleiche Firmengruppe
in Nahrungs- und Konsumgütern in Caracas, Venezuela. Nach fünfjährigem
Intervall als Geschäftsführer in der Parfümbranche in Deutschland nochmals bis
1977 nach Süd-Amerika als Vorsitzender der Geschäftleitung für das Marken-
artikelgeschäft der Unilever-Gruppe in Lima, Peru.
1977-1986 Leiter der Öffentlichkeitsarbeit für den grössten deutschen Hersteller
von Speiseeis und Tiefkühlkost, Langnese-Iglo GmbH., Hamburg.

Dipl. Ing. Werner Frey, Lebensmitteltechnologe, geboren 1944, Fleischerlehre,
Meisterprüfung im Fleischerhandwerk, Vierjährige Tätigkeit als Meister, 1971-
-1974 Studium der Lebensmitteltechnologie an der Fachhochschule Lippe,1974
Dipl. Ing. der Lebensmitteltechnologie, seit 1974 Leiter der Entwicklungsabteilung
bei RAPS&Co., Kulmbach. Jetzige Tätigkeit: Leiter für Forschung und Entwicklung, Labor und Bakteriologie.

Dipl. Kfm. Hans-Jürgen Anders, geb. 28.5.1940 in Liegnitz.

1965-1968 Freier Mitarbeiter DIVO-Institut, Frankfurt/Main

1968 Abschluß als Dipl.-Kfm. an der Universität Erlangen-Nürnberg/Wirtschafts- und Sozialwissenschaftliche Fakultät

1968 Eintritt in die GfK als wissenschaftlicher Assistent

1978 Aufbau des Bereichs Gesundheitsforschung bei der GfK

1980 Geschäftsführer der GfK Marktforschung GmbH & Co. KG, zuständig für die Ressorts Auslandsmarktforschung, Pkw-Forschung, Verkehrsträgerforschung, Mediaforschung, Pharma-/Gesundheitsforschung, Veterinär-/Dentalforschung, Freizeit-/Tourismusforschung, Ernährungsforschung

1982-1985 Geschäftsführer der GPI, Gesellschaft für Pharma-Informationssysteme, Frankfurt/Main

1984 Geschäftsführer der GfK Fernsehforschung GmbH & Co. KG, zuständig für Projektaufbau, Organisation, methodische Grundlagen

1986 Mitglied der Geschäftsführung der GfK GmbH.

Beiträge zur Wirtschaftsgeschichte

Herausgegeben von
Hermann Kellenbenz und Jürgen Schneider

Band 1   Rainer Gömmel
Wachstum und Konjunktur der Nürnberger Wirtschaft (1815-1914)
1978, X, 242 S., Leinen, ISBN 3-12-912610-4

Band 2   Precious Metals in the Age of Expansion.
Papers of the XIVth International Congress of the Historical Sciences.
Introduced and edited on behalf of the International Economic History
Association by Hermann Kellenbenz with contributions of F. Binder,
I. Blanchard, S. Cirkovič, K. Glamann, A.A. u. J.P. Gordus, E.W. Herbert,
H. Kellenbenz, A. Kobata, M. Morineau, O. Paulinyi, W.v. Stromer,
A. Szászdi, H.V.d. Wee, E. Westermann, T. Yuan.
1981, 330 S., Leinen, ISBN 3-12-912670-8

Band 3   Georg Eibert
Unternehmenspolitik Nürnberger Maschinenbauer (1835-1914)
1979, 421 S., Leinen, ISBN 3-12-912680-5

Band 4   Wirtschaftskräfte und Wirtschaftswege.
bis   Festschrift für Hermann Kellenbenz
Band 8   Herausgegeben von Jürgen Schneider in Verbindung mit dem Vorstand
der Gesellschaft für Sozial- und Wirtschaftsgeschichte Karl Erich Born,
Alfred Hoffmann, Hans Mauersberg, Hans Pohl und Wolfgang Zorn.

Band 4   I.: Mittelmeer und Kontinent

Mit Beiträgen von M. Malowist, K. Blaschke, G. Kerkkonen, H. Stoob,
H. Stehkämper, Ch. Verlinden, V. Rutenburg, K. Friedland, H. Witthöft,
J. Rosen, H. Dubois, G. Pampaloni, A. De Maddalena, M.A. Ladero,
C. Carrére, E. Otte, H. Hassinger, B. Kirchgässner, W.v. Stromer,
B. Krekič, F.C. Lane, E. Ashtor, F. Irsigler, W. Abel, F. Gestrin,
G. Pfeiffer, B. Cvetkova, Zs.P. Pach, O. Paulinyi, S. Goldenberg,
G. Hirschmann, J.-F. Bergier, M. Spallanzani, I. Bog, Ph. Braunstein,
A. Hoffmann, H. Valentinitsch, U. Tucci, G. Doria.
1978, 744 S., Leinen, ISBN 3-12-912620-1

Band 5   II.: Wirtschaftskräfte in der europäischen Expansion

Mit Beiträgen von A. Tenenti, F. Felloni, L. Makkai, I.N. Kiss, P. Jeannin, V. Vázques de Prada, H. Van der Wee, S. Hart, N.H. Schneeloch, F.C. Spooner, O. Pickl, E. Westermann, M. Batllori, F. Blendinger, G. Seibold, S. Gramulla, A. Wendehorst, Z. Herkov, F. Kleyser, G.D. Ramsay, A. Maczak, M. Bogucka, P.W. Klein, E.L. Petersen, S.-E. Aström, A. Ishizaka, J.S. Bromley, A. Attman, P. Adam, P. Rupp, P. Butel, C. Traselli, H. Freudenberger, P.W. Roth, R. Redlich u. K.E. Carpenter, A. Garcia-Baquero Gonzáles, F.W. Euler, H.C. Peyer, D. Demarco. 1978, 740 S., Leinen, ISBN 3-12-912630-9

Band 6   III.: Auf dem Weg zur Industrialisierung

Mit Beiträgen von E. Jutikkala, R. Forster, D. Sella, A. Di Vittorio, M. Abrate, C. Poni, H.-T. Niephaus, I. Erceg, I.K. Karaman, V. Paskaleva, P. Gunst, R. Endres, E. Harder-Gersdorff, O.-E. Krawehl, H.Chr. Johansen, J. Brockstedt, K.H. Kaufhold, T. Onishi, O. Yanagisawa, F.-W. Hennig, I.V. Berend u. G. Ránki, P. Lebrun, R. Gömmel, G. Eibert, H. Mauersberg, H. Winkel, L. Bergeron, R. Poidevin, H. Rubner, K.E. Born, R. Tilly, G. Milkereit, H. Pohl, F. Blaich, W. Kirchner, C. Holmes, S.v. Weiher, W.E. Minchinton, P. Voltes, E. Schremmer, P. Barucci, J.H. Schawacht
1978, 692 S., Leinen, ISBN 3-12-912640-6

Band 7   IV.: Übersee und allgemeine Wirtschaftsgeschichte

Mit Beiträgen von D.B. Quinn, N. Hiraide, H.-J. Teuteberg, L. Hanke, M. Ulloa, U. Lamb, H. Pietschmann, J. Fisher, M. Mörner, M. Carmagnani, J. Schneider, U. Oberem, A. Szászdi u. D.L. Borja, R.J. Bromley, J. Friede, T. Halperin Donghi, E. Stols, K.M. de Queirós Mattoso, W. Penkwitt, G. Clemenz u. R. Walter, F. Röhlk, C.M. Westphalen, A. Pilatti-Balhana, G. Kahle, W.A. Boelcke, M. Buescu, F. Mauro, C.H. Oberacker Jr., H. Krier, J.-G. Da Silva, T. Matsuda, T. Yamada, W. Raunig, A.M. Piuz, L.Th. Houmanidis, U. Troitzsch, G. Franz, H.-J. Braun, H.-A. Steger, W. Fischer, P. Mathias, W. Zorn, Ch. Wilson, C. Fohlen.
1978, 746 S., Leinen, ISBN 3-12-912650-3

Band 8   V.:   Mit Beiträgen von K. Bosl, A.H.de Oliveira Marques, R. Manolescu,
              S. Panova, M. Toch, Ch. Schaper, R. Hildebrandt, F. Petri, E. Ennen,
              G. Hammersley, J. Topolski, I. Wallerstein, J.A. van Houtte, J.R. Bruijn,
              P. Merino - M. Acerra - J. Meyer, T. Heydenreich, P. Höfer, U. Ziegen-
              thaler, G. Eirich, W. Achilles, F. Braudel, R. Cameron, H. Watanabe,
              Y. Mori, P. Cernovodeanu, H. Henning, G. Otruba, H. Ott, F. Bauerreiß,
              M. Flinn, E. Lacina, K. Dinklage, G. Siebenmann, E.W. Palm, F. Anders,
              A.C. Schmalz, H.-J. König, C.H. Hunsche, M. da Guia Santos, O. Bo-
              ruszenko, J. Everaert, R. Stemplowski, H. Fröschle, T.R. Kabisch.
              1981, 863 S., ISBN 3-12-912660-0

Band 9   Internationaler Ochsenhandel der frühen Neuzeit 1350-1750
              Akten des 7th International Economic History Congress,
              Edinburgh 1978. Eingeleitet und im Auftrage der Economic History
              Association hrsg. von E. Westermann.

              Mit Beiträgen von J. Baszanowski, A. Dubois, F. Irsigler, I.N. Kiss, F. Ler-
              ner, E.L. Petersen, W.v. Stromer, H. Van der Wee.
              1979, 299 S., Leinen, ISBN 3-12-912690-2

Band 10   Jürgen Schneider
              Frankreich und die Unabhängigkeit Spanisch-Amerikas. Zum französi-
              schen Handel mit den entstehenden Nationalstaaten (1810-1850).
              I. Teilband: Darstellung; II. Teilband: Statistischer Anhang
              1981, zus. 1362 S., Leinen, ISBN 3-12-912710-0

Band 11   Helmut Vogt
              Die Überseebeziehungen von Felten & Guilleaume (1874-1914)
              1979, 308 S., Leinen, ISBN 3-12-912700-3

Band 12   Norbert H. Schneeloch
              Aktionäre der Westindischen Compagnie von 1674. Die Verschmelzung
              der alten Kapitalgebergruppen zu einer neuen Aktiengesellschaft.
              1982, 354 S., Leinen, ISBN 3-12-912720-8

| Band 13 | Wachstumsschwankungen. Wirtschaftliche und soziale Auswirkungen (Spätmittelalter – 20. Jahrhundert) 8. Arbeitstagung der Gesellschaft für Sozial- und Wirtschaftsgeschichte. Referate und Diskussionsbeiträge hrsg. von H. Kellenbenz |

Mit Beiträgen von A. Faust, W. Feldenkirchen, H. Henning, C.-L. Holt-frerich, D. Lindenlaub, P. Lundgreen, M. Pohl, J.H. Schawacht, H. Siegenthaler.
1981, 340 S., Leinen, ISBN 3-12-912730-5

Band 14   Evelyn Lacina
Emigration 1933-1945. Sozialhistorische Darstellung der deutschsprachigen Emigration und einiger ihrer Asylländer aufgrund ausgewählter zeitgenössischer Selbstzeugnisse.
1982, 693 S., Leinen, ISBN 3-608-91117-0

Band 15   Michael Braun
Die luxemburgische Sozialversicherung bis zum Zweiten Weltkrieg.
Entwicklung, Probleme und Bedeutung.
1982, 666 S., Leinen, ISBN 3-608-91118-9

Band 16   Gerhart Jacob-Wendler
Deutsche Elektroindustrie in Lateinamerika. Siemens und AEG
(1890-1914).
1982, 376 S., Leinen, ISBN 3-608-91119-7

Band 17   Thomas R. Kabisch
Deutsches Kapital in den USA. Von der Reichsgründung bis zur
Sequestrierung (1917) und Freigabe.
1982, 413 S., Leinen, ISBN 3-608-91120-0

Band 18   Peter Höfer
Deutsch-französische Handelsbeziehungen im 18. Jahrh. Die Firma
Breton frères in Nantes (1763-1766).
1982, 337 S., Leinen, ISBN 3-608-91121-9

Beiträge zur Wirtschafts- und Sozialgeschichte

Herausgegeben von
Hermann Kellenbenz, Eberhard Schmitt und Jürgen Schneider

Band 19   Hans Gotthard Ehlert
           Die wirtschaftliche Zentralbehörde des Deutschen Reiches 1914 bis 1919.
           Das Problem der „Gemeinwirtschaft" in Krieg und Frieden.
           1982, 597 S., Leinen, ISBN 3-515-03938-4

Band 20   Hermann Kellenbenz (Hrsg.)
           Wirtschaftsentwicklung und Umweltbeeinflussung (14.-20. Jh.). Berichte
           der 9. Arbeitstagung der Gesellschaft für Sozial- und Wirtschaftsgeschich-
           te (30.3.-1.4.1981)
           1982, 298 S., Leinen, ISBN 3-515-03946-5

Band 21   Friedrich August Lühdorf
           Acht Monate in Japan nach Abschluß des Vertrages von Kanagawa. Einge-
           leitet und neu herausgegeben von Jürgen Schneider
           1983, ca. 260 S., Leinen, ISBN 3-515-03950-3

Band 22   Rolf Walter
           Venezuela und Deutschland (1815-1870)
           1983, 406 S., Leinen, ISBN 3-515-03937-6

Band 23   Aristide Fenster
           Adel und Ökonomie im vorindustriellen Rußland. Die unternehmerische
           Betätigung der Gutsbesitzer in der großgewerblichen Wirtschaft im 17.
           und 18. Jahrhundert.
           1983, 343 S., Leinen, ISBN 3-515-03947-3

Band 24   Michael Rauck
           Karl Freiherr Drais von Sauerbronn. Erfinder und Unternehmer
           (1785-1851)
           1983, 804 S., brosch., ISBN 3-515-03939-2

Band 25   Peter Kopf
           David Hume. Philosoph und Wirtschaftstheoretiker (1711-1776)
           1983, ca. 300 S., Leinen, ISBN 3-515-03948-1

Band 26   Hans-Günther Mertens
Wirtschaftliche und soziale Strukturen zentralmexikanischer Weizen-
haciendas aus dem Tal von Atlixco, 1890-1912
1983, 382 S., Leinen, ISBN 3-515-03960-0

Band 27   Wolfgang Penkwitt
Preußen und Brasilien. Zum Aufbau des preußischen Konsularwesens im
unabhängigen Kaiserreich (1822-1850)
1983, 559 S., Leinen, ISBN 3-515-04087-0

Band 28   Marianne Gechter
Kirche und Klerus in der stadtkölnischen Wirtschaft im Spätmittelalter.
1983, 462 S., brosch., ISBN 3-515-03929-5

Band 29   Rainer Klump
Wirtschaftsgeschichte der Bundesrepublik Deutschland.
1985, 129 S., brosch., ISBN 3-515-04475-2

Band 30   Rainer Gömmel
Vorindustrielle Bauwirtschaft in der Reichsstadt Nürnberg und ihrem
Umland (16.-18. Jh.).
1985, XII u. 300 S., brosch., ISBN 3-515-04481-7

Band 31   Renate Pieper
Die Preisrevolution in Spanien (1500-1640). Neuere Forschungs-
ergebnisse.
1985, 170 S., brosch., ISBN 3-515-04570-8

Band 32   Hans Hesselmann
Das Wirtschaftsbürgertum in Bayern 1890-1914. Ein Beitrag zur Analyse
der Wechselbeziehungen zwischen Wirtschaft und Politik am Beispiel des
Wirtschaftsbürgertums im Bayern der Prinzregentenzeit.
1986, 419 S., 21 Stammtaf. und Schaubilder als Beilage, brosch.,
ISBN 3-515-04565-1

Band 33   Wolfram Fischer / R. Marvin McInnis / Jürgen Schneider (eds.)
The Emergence of a World Economy 1500-1914. Papers of the IX. International Congress of Economic History. Edited on behalf of the International Economic History Association.
1986, ca. 800 S. in 2 Teilbänden, brosch., ISBN 3-515-04748-4

Stand: Sommer 1986

In Kommission bei
Franz Steiner Verlag Wiesbaden GmbH

Vorträge zur Wirtschafts- und Sozialgeschichte

Herausgegeben von

Hermann Kellenbenz, Eberhard Schmitt und Jürgen Schneider

Ausschließlich Direktbezug über:

Zentralinstitut 06
Sektion Lateinamerika
Findelgasse 7
D - 8500 Nürnberg

Im Abonnement 20 % Ermäßigung auf die Einzelheftpreise.

Heft 1   Henri Dubois, Rouen
          Frankreich und die europäische Wirtschaft im ausgehenden Mittelalter.
          Hauptzüge und Periodisierung.
          1979, 20 S.

Heft 2   Peter Rupp, Wien
          Barocke „Handlungswissenschaft" als sozialgeschichtliche Quelle: der
          Poeta Caesareus Kommerzienrat Marperger aus Nürnberg, ein „entsetz-
          licher Vielschreiber".
          1979, 51 S.

Heft 3   Wolfgang Lippert, Erlangen-Nürnberg
          Gesellschaft und Wirtschaft in der Volksrepublik China.
          1979, 27 S.

Heft 4   Rainer Gömmel, Regensburg
          Realeinkommen in Deutschland.
          Ein internationaler Vergleich (1810-1913).
          1979, 29 S.

Heft 5   Harald Pohl, Regensburg
          Die volkswirtschaftliche Bedeutung des technischen Fortschritts im 19.
          und 20. Jahrhundert.
          1986, 27 S.

Heft 6 Eliyahu Ashtor, Jerusalem
Europäische Tuchausfuhr in die Mittelmeerländer im Spätmittelalter
(1350-1500).
1981, 50 S.

Heft 7 Piet C. Emmer, Leiden
Die Fesseln gebrochen? Die Abschaffung der westindischen Sklaverei
in Theorie und Praxis.
1982, 18 S.

Heft 8 Heinz-Theo Niephaus, Stuttgart
Lehrplanarbeit für das berufliche Schulwesen in Baden-Württemberg.
Grundkonzeption und didaktische Ansätze für den Unterricht in
Geschichte und Politik.
1981, 35 S.

Heft 9 Akio Ishizaka, Sapporo
Industrialisierung und Modernisierung Japans im internationalen
Vergleich.
1986, ca. 30 S.

Heft 10 Charles Verlinden, Bruxelles
Atlantischer Raum und Indische-Ozean-Zone in kolonialgeschicht-
licher Perspektive
1982, 28 S.

Heft 11 Ernst Dürr, Erlangen-Nürnberg
The Social Market Economy in the Federal Republic of Germany. Paper
presented at the Symposium: Republic of Zimbabwe – Federal Republic of
Germany, Harare, 7th November 1985.
1986, 12 S.

Heft 12 Rainer Gömmel, Erlangen-Nürnberg
Probleme der deutschen Industriefinanzierung im 19. Jahrhundert.
1986, 23 S.

Stand: Sommer 1986